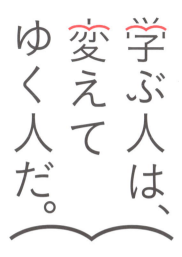

学ぶ人は、
変えて
ゆく人だ。

目の前にある問題はもちろん、

人生の問いや、社会の課題を自ら見つけ、

挑み続けるために、人は学ぶ。

「学び」で、少しずつ世界は変えてゆける。

いつでも、どこでも、誰でも、

学ぶことができる世の中へ。

旺文社

JN247810

2021^{年度版}

文部科学省後援

英検®4級
過去6回全問題集

「日本英語検定協会推奨」とは、皆様に適切なものを安心してご選択いただけるよう、「英検®ブランド第三者審議委員会」の審査を通過した商品・サービスに限り、公益財団法人 日本英語検定協会がその使用を認めたものです。なお、「日本英語検定協会推奨」は、商品・サービスの使用により英検®の合格や英検CSEスコアアップを保証するものではありません。

旺文社

英検® 受験の流れ

❶ 一次試験当日

❷ 一次試験中

❸ 一次試験が終わったら…

翌月曜日午後から英検HPで解答が見られるよ

自分で採点してみよう

約3週間後に合否通知が届くよ

次はスピーキングテストに挑戦！

❹ スピーキングテスト

コンピューター端末を用意しよう

専用の受験サイトにアクセスして受験するよ

画面の指示に従ってテストを受けよう

成績は，約1ヵ月後にウェブサイトで確認できるよ

2020年度第2回　英検4級　解答用紙

【注意事項】

①解答にはHBの黒鉛筆（シャープペンシルも可）を使用し、解答を訂正する場合には消しゴムで完全に消してください。

②解答用紙は絶対に汚したり折り曲げたり、所定以外のところへの記入はしないでください。

③マーク例

	良い例	悪い例
	●	

 これ以下の濃さのマークは読めません。

解　答　欄

問題番号		1	2	3	4
1	(1)	①	②	③	④
	(2)	①	②	③	④
	(3)	①	②	③	④
	(4)	①	②	③	④
	(5)	①	②	③	④
	(6)	①	②	③	④
	(7)	①	②	③	④
	(8)	①	②	③	④
	(9)	①	②	③	④
	(10)	①	②	③	④
	(11)	①	②	③	④
	(12)	①	②	③	④
	(13)	①	②	③	④
	(14)	①	②	③	④
	(15)	①	②	③	④

解　答　欄

問題番号		1	2	3	4
2	(16)	①	②	③	④
	(17)	①	②	③	④
	(18)	①	②	③	④
	(19)	①	②	③	④
	(20)	①	②	③	④
3	(21)	①	②	③	④
	(22)	①	②	③	④
	(23)	①	②	③	④
	(24)	①	②	③	④
	(25)	①	②	③	④
4	(26)	①	②	③	④
	(27)	①	②	③	④
	(28)	①	②	③	④
	(29)	①	②	③	④
	(30)	①	②	③	④
	(31)	①	②	③	④
	(32)	①	②	③	④
	(33)	①	②	③	④
	(34)	①	②	③	④
	(35)	①	②	③	④

リスニング解答欄

問題番号		1	2	3	4
	例題	①	②	●	
第1部	No. 1	①	②	③	
	No. 2	①	②	③	
	No. 3	①	②	③	
	No. 4	①	②	③	
	No. 5	①	②	③	
	No. 6	①	②	③	
	No. 7	①	②	③	
	No. 8	①	②	③	
	No. 9	①	②	③	
	No. 10	①	②	③	
第2部	No. 11	①	②	③	④
	No. 12	①	②	③	④
	No. 13	①	②	③	④
	No. 14	①	②	③	④
	No. 15	①	②	③	④
	No. 16	①	②	③	④
	No. 17	①	②	③	④
	No. 18	①	②	③	④
	No. 19	①	②	③	④
	No. 20	①	②	③	④
第3部	No. 21	①	②	③	④
	No. 22	①	②	③	④
	No. 23	①	②	③	④
	No. 24	①	②	③	④
	No. 25	①	②	③	④
	No. 26	①	②	③	④
	No. 27	①	②	③	④
	No. 28	①	②	③	④
	No. 29	①	②	③	④
	No. 30	①	②	③	④

2020年度第2回

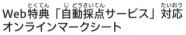

Web特典「自動採点サービス」対応オンラインマークシート

※検定の回によってQRコードが違います。

※ PCからも利用できます（問題編 P7 参照）。

※実際のマークシートに似せていますが、デザイン・サイズは異なります。

2020年度第1回　英検4級　解答用紙

【注意事項】

① 解答にはHBの黒鉛筆（シャープペンシルも可）を使用し、解答を訂正する場合には消しゴムで完全に消してください。

② 解答用紙は絶対に汚したり折り曲げたり、所定以外のところへの記入はしないでください。

③ マーク例

良い例	悪い例
●	◑ ✕ ◐

これ以下の濃さのマークは読めません。

解　答　欄

問題番号		1	2	3	4
1	(1)	①	②	③	④
	(2)	①	②	③	④
	(3)	①	②	③	④
	(4)	①	②	③	④
	(5)	①	②	③	④
	(6)	①	②	③	④
	(7)	①	②	③	④
	(8)	①	②	③	④
	(9)	①	②	③	④
	(10)	①	②	③	④
	(11)	①	②	③	④
	(12)	①	②	③	④
	(13)	①	②	③	④
	(14)	①	②	③	④
	(15)	①	②	③	④

解　答　欄

問題番号		1	2	3	4
2	(16)	①	②	③	④
	(17)	①	②	③	④
	(18)	①	②	③	④
	(19)	①	②	③	④
	(20)	①	②	③	④
3	(21)	①	②	③	④
	(22)	①	②	③	④
	(23)	①	②	③	④
	(24)	①	②	③	④
	(25)	①	②	③	④
4	(26)	①	②	③	④
	(27)	①	②	③	④
	(28)	①	②	③	④
	(29)	①	②	③	④
	(30)	①	②	③	④
	(31)	①	②	③	④
	(32)	①	②	③	④
	(33)	①	②	③	④
	(34)	①	②	③	④
	(35)	①	②	③	④

リスニング解答欄

問題番号		1	2	3	4
	例題	①	②	●	
第1部	No. 1	①	②	③	
	No. 2	①	②	③	
	No. 3	①	②	③	
	No. 4	①	②	③	
	No. 5	①	②	③	
	No. 6	①	②	③	
	No. 7	①	②	③	
	No. 8	①	②	③	
	No. 9	①	②	③	
	No. 10	①	②	③	
第2部	No. 11	①	②	③	④
	No. 12	①	②	③	④
	No. 13	①	②	③	④
	No. 14	①	②	③	④
	No. 15	①	②	③	④
	No. 16	①	②	③	④
	No. 17	①	②	③	④
	No. 18	①	②	③	④
	No. 19	①	②	③	④
	No. 20	①	②	③	④
第3部	No. 21	①	②	③	④
	No. 22	①	②	③	④
	No. 23	①	②	③	④
	No. 24	①	②	③	④
	No. 25	①	②	③	④
	No. 26	①	②	③	④
	No. 27	①	②	③	④
	No. 28	①	②	③	④
	No. 29	①	②	③	④
	No. 30	①	②	③	④

2020年度第1回

Web特典「自動採点サービス」対応オンラインマークシート

※検定の回によってQRコードが違います。

※ PC からも利用できます（問題編 P7 参照）。

※実際のマークシートに似せていますが、デザイン・サイズは異なります。

解　答　欄				
問題番号	1	2	3	4
(1)	①	②	③	④
(2)	①	②	③	④
(3)	①	②	③	④
(4)	①	②	③	④
(5)	①	②	③	④
(6)	①	②	③	④
(7)	①	②	③	④
1　(8)	①	②	③	④
(9)	①	②	③	④
(10)	①	②	③	④
(11)	①	②	③	④
(12)	①	②	③	④
(13)	①	②	③	④
(14)	①	②	③	④
(15)	①	②	③	④

解　答　欄				
問題番号	1	2	3	4
(16)	①	②	③	④
(17)	①	②	③	④
2　(18)	①	②	③	④
(19)	①	②	③	④
(20)	①	②	③	④
(21)	①	②	③	④
(22)	①	②	③	④
3　(23)	①	②	③	④
(24)	①	②	③	④
(25)	①	②	③	④
(26)	①	②	③	④
(27)	①	②	③	④
(28)	①	②	③	④
(29)	①	②	③	④
(30)	①	②	③	④
4　(31)	①	②	③	④
(32)	①	②	③	④
(33)	①	②	③	④
(34)	①	②	③	④
(35)	①	②	③	④

リスニング解答欄				
問題番号	1	2	3	4
例題	①	②	●	
No. 1	①	②	③	
No. 2	①	②	③	
No. 3	①	②	③	
No. 4	①	②	③	
第　No. 5	①	②	③	
1　No. 6	①	②	③	
No. 7	①	②	③	
部　No. 8	①	②	③	
No. 9	①	②	③	
No. 10	①	②	③	
No. 11	①	②	③	④
No. 12	①	②	③	④
No. 13	①	②	③	④
第　No. 14	①	②	③	④
2　No. 15	①	②	③	④
No. 16	①	②	③	④
部　No. 17	①	②	③	④
No. 18	①	②	③	④
No. 19	①	②	③	④
No. 20	①	②	③	④
No. 21	①	②	③	④
No. 22	①	②	③	④
No. 23	①	②	③	④
第　No. 24	①	②	③	④
3　No. 25	①	②	③	④
No. 26	①	②	③	④
部　No. 27	①	②	③	④
No. 28	①	②	③	④
No. 29	①	②	③	④
No. 30	①	②	③	④

切り取り線

2019年度第3回

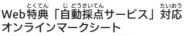

Web特典「自動採点サービス」対応
オンラインマークシート
※検定の回によってQRコードが違います。
※ PC からも利用できます（問題編 P7 参照）。

※実際のマークシートに似せていますが、デザイン・サイズは異なります。

2019年度第2回　英検4級　解答用紙

【注意事項】
①解答にはHBの黒鉛筆（シャープペンシルも可）を使用し、解答を訂正する場合には消しゴムで完全に消してください。
②解答用紙は絶対に汚したり折り曲げたり、所定以外のところへの記入はしないでください。

③マーク例

	良い例	悪い例
	●	◑ ⊗ ◓

 これ以下の濃さのマークは読めません。

解　答　欄

問題番号		1	2	3	4
1	(1)	①	②	③	④
	(2)	①	②	③	④
	(3)	①	②	③	④
	(4)	①	②	③	④
	(5)	①	②	③	④
	(6)	①	②	③	④
	(7)	①	②	③	④
	(8)	①	②	③	④
	(9)	①	②	③	④
	(10)	①	②	③	④
	(11)	①	②	③	④
	(12)	①	②	③	④
	(13)	①	②	③	④
	(14)	①	②	③	④
	(15)	①	②	③	④

解　答　欄

問題番号		1	2	3	4
	(16)	①	②	③	④
	(17)	①	②	③	④
2	(18)	①	②	③	④
	(19)	①	②	③	④
	(20)	①	②	③	④
	(21)	①	②	③	④
	(22)	①	②	③	④
3	(23)	①	②	③	④
	(24)	①	②	③	④
	(25)	①	②	③	④
	(26)	①	②	③	④
	(27)	①	②	③	④
	(28)	①	②	③	④
	(29)	①	②	③	④
4	(30)	①	②	③	④
	(31)	①	②	③	④
	(32)	①	②	③	④
	(33)	①	②	③	④
	(34)	①	②	③	④
	(35)	①	②	③	④

リスニング解答欄

	問題番号	1	2	3	4
	例題	①	②	●	
第1部	No. 1	①	②	③	
	No. 2	①	②	③	
	No. 3	①	②	③	
	No. 4	①	②	③	
	No. 5	①	②	③	
	No. 6	①	②	③	
	No. 7	①	②	③	
	No. 8	①	②	③	
	No. 9	①	②	③	
	No. 10	①	②	③	
第2部	No. 11	①	②	③	④
	No. 12	①	②	③	④
	No. 13	①	②	③	④
	No. 14	①	②	③	④
	No. 15	①	②	③	④
	No. 16	①	②	③	④
	No. 17	①	②	③	④
	No. 18	①	②	③	④
	No. 19	①	②	③	④
	No. 20	①	②	③	④
第3部	No. 21	①	②	③	④
	No. 22	①	②	③	④
	No. 23	①	②	③	④
	No. 24	①	②	③	④
	No. 25	①	②	③	④
	No. 26	①	②	③	④
	No. 27	①	②	③	④
	No. 28	①	②	③	④
	No. 29	①	②	③	④
	No. 30	①	②	③	④

2019年度第2回
Web特典「自動採点サービス」対応オンラインマークシート
※検定の回によってQRコードが違います。
※ PC からも利用できます（問題編 P7 参照）。

※実際のマークシートに似せていますが、デザイン・サイズは異なります。

2019年度第1回　英検4級　解答用紙

【注意事項】

①解答にはHBの黒鉛筆（シャープペンシルも可）を使用し、解答を訂正する場合には消しゴムで完全に消してください。

②解答用紙は絶対に汚したり折り曲げたり、所定以外のところへの記入はしないでください。

③マーク例

良い例	悪い例
●	◓ ⊗ ◖

これ以下の濃さのマークは読めません。

解　答　欄

問題番号	1	2	3	4
	(1)	①	②	③	④
	(2)	①	②	③	④
	(3)	①	②	③	④
	(4)	①	②	③	④
	(5)	①	②	③	④
	(6)	①	②	③	④
	(7)	①	②	③	④
1	(8)	①	②	③	④
	(9)	①	②	③	④
	(10)	①	②	③	④
	(11)	①	②	③	④
	(12)	①	②	③	④
	(13)	①	②	③	④
	(14)	①	②	③	④
	(15)	①	②	③	④

解　答　欄

問題番号	1	2	3	4
	(16)	①	②	③	④
	(17)	①	②	③	④
2	(18)	①	②	③	④
	(19)	①	②	③	④
	(20)	①	②	③	④
	(21)	①	②	③	④
	(22)	①	②	③	④
3	(23)	①	②	③	④
	(24)	①	②	③	④
	(25)	①	②	③	④
	(26)	①	②	③	④
	(27)	①	②	③	④
	(28)	①	②	③	④
	(29)	①	②	③	④
	(30)	①	②	③	④
4	(31)	①	②	③	④
	(32)	①	②	③	④
	(33)	①	②	③	④
	(34)	①	②	③	④
	(35)	①	②	③	④

リスニング解答欄

問題番号	1	2	3	4
	例題	①	②	●	
	No. 1	①	②	③	
	No. 2	①	②	③	
	No. 3	①	②	③	
第	No. 4	①	②	③	
1	No. 5	①	②	③	
部	No. 6	①	②	③	
	No. 7	①	②	③	
	No. 8	①	②	③	
	No. 9	①	②	③	
	No. 10	①	②	③	
	No. 11	①	②	③	④
	No. 12	①	②	③	④
	No. 13	①	②	③	④
第	No. 14	①	②	③	④
2	No. 15	①	②	③	④
部	No. 16	①	②	③	④
	No. 17	①	②	③	④
	No. 18	①	②	③	④
	No. 19	①	②	③	④
	No. 20	①	②	③	④
	No. 21	①	②	③	④
	No. 22	①	②	③	④
	No. 23	①	②	③	④
第	No. 24	①	②	③	④
3	No. 25	①	②	③	④
部	No. 26	①	②	③	④
	No. 27	①	②	③	④
	No. 28	①	②	③	④
	No. 29	①	②	③	④
	No. 30	①	②	③	④

2019年度第1回

Web特典「自動採点サービス」対応 オンラインマークシート

※検定の回によってQRコードが違います。

※PCからも利用できます（問題編 P7 参照）。

※実際のマークシートに似せていますが、デザイン・サイズは異なります。

2018年度第3回　英検4級　解答用紙

【注意事項】
① 解答にはHBの黒鉛筆（シャープペンシルも可）を使用し、解答を訂正する場合には消しゴムで完全に消してください。
② 解答用紙は絶対に汚したり折り曲げたり、所定以外のところへの記入はしないでください。

③マーク例

良い例	悪い例

これ以下の濃さのマークは読めません。

解 答 欄

問題番号	1	2	3	4
(1)	①	②	③	④
(2)	①	②	③	④
(3)	①	②	③	④
(4)	①	②	③	④
(5)	①	②	③	④
(6)	①	②	③	④
(7)	①	②	③	④
(8)	①	②	③	④
(9)	①	②	③	④
(10)	①	②	③	④
(11)	①	②	③	④
(12)	①	②	③	④
(13)	①	②	③	④
(14)	①	②	③	④
(15)	①	②	③	④

1（左表の問題番号1～15）

解 答 欄

問題番号	1	2	3	4
(16)	①	②	③	④
(17)	①	②	③	④
(18)	①	②	③	④
(19)	①	②	③	④
(20)	①	②	③	④
(21)	①	②	③	④
(22)	①	②	③	④
(23)	①	②	③	④
(24)	①	②	③	④
(25)	①	②	③	④
(26)	①	②	③	④
(27)	①	②	③	④
(28)	①	②	③	④
(29)	①	②	③	④
(30)	①	②	③	④
(31)	①	②	③	④
(32)	①	②	③	④
(33)	①	②	③	④
(34)	①	②	③	④
(35)	①	②	③	④

2（16～20）、3（21～25）、4（26～35）

リスニング解答欄

問題番号	1	2	3	4
例題	①	②	●	
No. 1	①	②	③	
No. 2	①	②	③	
No. 3	①	②	③	
No. 4	①	②	③	
No. 5	①	②	③	
No. 6	①	②	③	
No. 7	①	②	③	
No. 8	①	②	③	
No. 9	①	②	③	
No. 10	①	②	③	
No. 11	①	②	③	④
No. 12	①	②	③	④
No. 13	①	②	③	④
No. 14	①	②	③	④
No. 15	①	②	③	④
No. 16	①	②	③	④
No. 17	①	②	③	④
No. 18	①	②	③	④
No. 19	①	②	③	④
No. 20	①	②	③	④
No. 21	①	②	③	④
No. 22	①	②	③	④
No. 23	①	②	③	④
No. 24	①	②	③	④
No. 25	①	②	③	④
No. 26	①	②	③	④
No. 27	①	②	③	④
No. 28	①	②	③	④
No. 29	①	②	③	④
No. 30	①	②	③	④

第1部（No.1～No.10）、第2部（No.11～No.20）、第3部（No.21～No.30）

2018年度第3回

Web特典「自動採点サービス」対応
オンラインマークシート
※検定の回によってQRコードが違います。
※ PC からも利用できます（問題編 P7 参照）。

※実際のマークシートに似せていますが、デザイン・サイズは異なります。

Introduction

はじめに

実用英語技能検定（英検®）は，年間受験者数 390 万人（英検 IBA，英検 Jr. との総数）の小学生から社会人まで，幅広い層が受験する国内最大級の資格試験で，1963 年の第 1 回検定からの累計では 1 億人を超える人々が受験しています。英検®は，コミュニケーションに欠かすことのできない技能をバランスよく測定することを目的としており，英検®の受験によってご自身の英語力を把握することができます。

この『全問題集シリーズ』は，英語を学ぶ皆さまを応援する気持ちを込めて刊行されました。本書は，2020 年度第 2 回検定を含む 6 回分の過去問を，日本語訳や詳しい解説とともに収録しています。

本書が皆さまの英検合格の足がかりとなり，さらには国際社会で活躍できるような生きた英語を身につけるきっかけとなることを願っています。

最後に，本書を刊行するにあたり，多大なご尽力をいただきました敬愛大学教授 向後秀明先生に深く感謝の意を表します。

2021 年　春

もくじ

Contents

執　　筆：向後秀明（敬愛大学）
編集協力：株式会社 エディット，山下鉄也
録　　音：ユニバ合同会社
デザイン：林 慎一郎（及川真咲デザイン事務所）
イラスト：鹿又きょうこ（口絵 英検受験の流れ）
　　　　　瀬々倉匠美子（Web特典 予想問題）
組版・データ作成協力：幸和印刷株式会社

2

本書の使い方

ここでは，本書の過去問および特典についての活用法の一例を紹介します。

本書の内容

過去問
6回分

英検
インフォ
メーション

（P8-11）

英検4級の試験
形式とポイント

（P12-15）

Web特典
（P6-7）

本書の使い方

一次試験対策

情報収集・傾向把握

・英検インフォメーション
・英検4級の試験形式とポイント
・【Web特典】
　個人情報の書き方
　リスニングテストのポイント

過去問にチャレンジ

・2020年度第2回
・2020年度第1回
・2019年度第3回
・2019年度第2回
・2019年度第1回
・2018年度第3回
　※【Web特典】自動採点サービスの活用

予想問題にチャレンジ

・【Web特典】
　スピーキングテスト予想問題／解答例

スピーキングテスト

過去問の取り組み方

1セット目

【実力把握モード】
本番の試験と同じように，制限時間を設けて取り組みましょう。どの問題形式に時間がかかりすぎているか，正答率が低いかなど，今のあなたの実力をつかみ，学習に生かしましょう。
「自動採点サービス」を活用して，答え合わせをスムーズに行いましょう。

2〜5セット目

【学習モード】
制限時間をなくし，解けるまで取り組みましょう。
リスニングは音声を繰り返し聞いて解答を導き出してもかまいません。すべての問題に正解できるまで見直します。

6セット目

【仕上げモード】
試験直前の仕上げに利用しましょう。
時間を計って本番のつもりで取り組みます。
これまでに取り組んだ6セットの過去問で間違えた問題の解説を本番試験の前にもう一度見直しましょう。

音声について

収録内容

一次試験・リスニングの音声を聞くことができます。本書とともに使い，効果的なリスニング対策をしましょう。

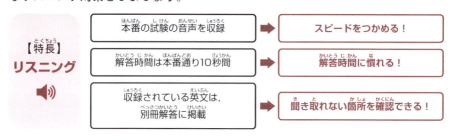

【特長】
リスニング

本番の試験の音声を収録	➡ スピードをつかめる！
解答時間は本番通り10秒間	➡ 解答時間に慣れる！
収録されている英文は，別冊解答に掲載	➡ 聞き取れない箇所を確認できる！

3つの方法で音声が聞けます！

 ① 公式アプリ（iOS/Android）でお手軽再生

［ご利用方法］

① 「英語の友」公式サイトより，アプリをインストール（上のQRコードから読み込めます）

URL：https://eigonotomo.com/   英語の友 🔍

② アプリ内のライブラリよりご購入いただいた書籍を選び，「追加」ボタンを押してください

③ パスワードを入力すると，音声がダウンロードできます

［パスワード：nsgmde］　※すべて半角アルファベット小文字

※本アプリの機能の一部は有料ですが，本書の音声は無料でお聞きいただけます。
※詳しいご利用方法は「英語の友」公式サイト，あるいはアプリ内のヘルプをご参照ください。
※2021年2月22日から2022年8月31日までご利用いただけます。
※本サービスは，上記ご利用期間内でも予告なく終了することがあります。

②パソコンで音声データダウンロード（MP3）

[ご利用方法]

①Web特典にアクセス
詳細は，P6をご覧ください。

②「一次試験音声データダウンロード」から聞きたい検定の回を選択して
ダウンロード

※音声ファイルはzip形式にまとめられた形でダウンロードされます。

※音声の再生にはMP3を再生できる機器などが必要です。ご使用機器，音声再生ソフト等に関する技術的なご質問は，ハードメーカーもしくはソフトメーカーにお願いいたします。

③スマホ・タブレットでストリーミング再生

[ご利用方法]

①自動採点サービスにアクセス（上のQRコードから読み込めます）
詳細は，P7をご覧ください。

②聞きたい検定の回を選び，リスニングテストの音声再生ボタンを押す

※音声再生中に音声を止めたい場合は，停止ボタンを押してください。

※個別に問題を再生したい場合は，問題番号を選んでから再生ボタンを押してください。

※音声の再生には多くの通信量が必要となりますので，Wi-Fi環境でのご利用をおすすめいたします。

CDをご希望の方は，別売「2021年度版英検4級過去6回全問題集CD」
（本体価格1,150円+税）をご利用ください。

持ち運びに便利な小冊子とCD3枚付き。CDプレーヤーで通して聞くと，本番と同じような環境で練習できます。

※収録箇所は，本書で**CD 1 1 ～ 11**のように表示しています。

Web特典について

購入者限定の「Web特典」を，みなさんの英検合格にお役立てください。

ご利用可能期間	2021年2月22日～2022年8月31日 ※本サービスは予告なく変更，終了することがあります。	
アクセス方法	スマートフォン タブレット	右のQRコードを読み込むと，パスワードなしでアクセスできます！
	PC スマートフォン タブレット 共通	1. Web特典（以下のURL）にアクセスします。 https://eiken.obunsha.co.jp/4q/ 2. 本書を選択し，以下のパスワードを入力します。 nsgmde ※すべて半角アルファベット小文字

＜特典内容＞

(1) 自動採点サービス

リーディング（筆記1～4），リスニング（第1部～第3部）の自動採点ができます。詳細はP7を参照してください。

(2) 解答用紙

本番にそっくりの解答用紙が印刷できるので，何度でも過去問にチャレンジできます。

(3) 音声データのダウンロード

一次試験リスニングの音声データ（MP3）を無料でダウンロードできます。

(4) 4級リスニングテストのポイント

リスニングテストのポイントが，【第1部】と【第2部・第3部】に分けて学習できます。

【第1部】　　　　　　形式の把握→ポイントの理解→よく出題される場面の表現の練習
【第2部・第3部】　　形式の把握→ポイントの理解→よく出題される質問を聞き取る練習

(5) スピーキングテスト

Web上でスピーキングテストの予想問題を体験することができます。

自動採点サービスの利用方法

正答率や合格ラインとの距離，間違えた問題などの確認ができるサービスです。

ご利用可能期間	**2021年2月22日〜2022年8月31日** ※本サービスは予告なく変更，終了することがあります。	
アクセス方法	スマートフォン タブレット	右のQRコードを読み込んでアクセスし，採点する検定の回を選択してください。
	PC スマートフォン タブレット 共通	P6の手順で「Web特典」にアクセスし，「自動採点サービスを使う」を選択してご利用ください。

＜利用方法＞

① オンラインマークシートにアクセスします。
② 「問題をはじめる」ボタンを押して試験を始めます。
③ 「答え合わせ」ボタンを選択します。
④ 【あなたの成績】（右画面）が表示されます。

＜採点結果の見方＞

タブの選択で【あなたの成績】と【問題ごとの正誤】が切り替えられます。

【あなたの成績】

Ⓐ 技能ごとの正答率が表示されます。4級の合格の目安，正答率60%を目指しましょう。
Ⓑ 大問ごとの正答率が表示されます。合格ラインを下回る大問は，対策に力を入れましょう。
Ⓒ 採点サービス利用者の中でのあなたの現在位置が示されます。

＜採点結果画面＞

切り替えタブ

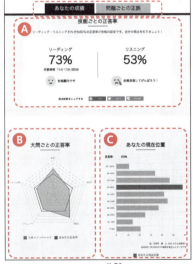

※画像はイメージです。

【問題ごとの正誤】

各問題のあなたの解答と正解が表示されます。間違っている問題については色で示されますので，別冊解答の解説を見直しましょう。

英検® Information

インフォメーション

出典：英検ウェブサイト

英検4級について → 4級では，「簡単な英語を理解することができ，またそれを使って表現する」ことが求められます。
一次試験（筆記・リスニング）に加え，
スピーキングテストも受験できます。
目安としては「中学中級程度」です。

試験内容

主な場面・状況	家庭・学校・地域（各種店舗・公共施設を含む）・電話・アナウンスなど
主な話題	家族・友達・学校・趣味・旅行・買い物・スポーツ・映画・音楽・食事・天気・道案内・自己紹介・休日の予定・近況報告・海外の文化など

✏️ 筆記 ⏱ 35分

問題	形式・課題詳細	問題数	満点スコア
1	短文の空所に文脈に合う適切な語句を補う。	15問	
2	会話文の空所に適切な文や語句を補う。	5問	500
3	日本文を読み，その意味に合うように与えられた語句を並べ替える。	5問	
4	パッセージ（長文）の内容に関する質問に答える。	10問	

🔊 リスニング ⏱ 約30分　放送回数は2回

問題	形式・課題詳細	問題数	満点スコア
第1部	会話の最後の発話に対する応答として最も適切なものを補う。（補助イラスト付き）	10問	
第2部	会話の内容に関する質問に答える。	10問	500
第3部	短いパッセージの内容に関する質問に答える。	10問	

🗨 スピーキング ｜ ⏱ 約4分 ｜ コンピューター端末を利用した録音型面接

問題	形式・課題詳細	満点スコア
音読	25語程度のパッセージを読む。	
No.1 No.2	音読したパッセージの内容についての質問に答える。	500
No.3	イラスト中の人物の行動や物の状況を描写する。	
No.4	日常生活の身近な事柄についての質問に答える。（カードのトピックに直接関連しない内容も含む）	

※一次試験（筆記・リスニング）の合否に関係なく，申込者全員が受験できます。
※コンピューター端末を利用した録音形式です。
※受験日の指定はなく，有効期間は約1年間です。期間内に1度だけ受験できます。
※級認定は従来どおり，一次試験（筆記・リスニング）の結果のみで合否を判定します。スピーキングテストの結果は，これまでの級認定とは別に合格者に「スピーキングテスト合格」として認定されます。

✉ 英検協会スタッフからの応援メッセージ

People in many countries speak English. If you learn English, then you can make new friends. The EIKEN tests will help you. Practice and do your best!

たくさんの国の人々が英語を話します。英語を学べば，新しい友達をつくることができます。「英検」はみなさんの手助けになるでしょう。勉強して，ベストを尽くしてください！

合否判定方法

統計的に算出される英検CSEスコアに基づいて合否判定されます。Reading, Listening, Writing, Speakingの4技能が均等に評価され，合格基準スコアは固定されています。

技能別にスコアが算出される！

技能	試験形式	満点スコア	合格基準スコア
Reading（読む）	一次試験（筆記）	500	622
Listening（聞く）	一次試験（リスニング）	500	
Writing（書く）	※4級では測定されません	－	
Speaking（話す）	スピーキングテスト	500	324

● ReadingとListeningの技能別にスコアが算出され，それを合算して判定されます。
● Speakingは，級の合否とは関係なく受験でき，スピーキングテスト単体で合否判定されます。

合格するためには，技能のバランスが重要！

英検CSEスコアでは，技能ごとに問題数は異なりますが，スコアを均等に配分しているため，各技能のバランスが重要となります。なお，正答数の目安を提示することはできませんが，2016年度第1回一次試験では，1級，準1級は各技能での正答率が7割程度，2級以下は各技能6割程度の正答率の受験者の多くが合格されています。

英検CSEスコアは国際標準規格CEFRにも対応している！

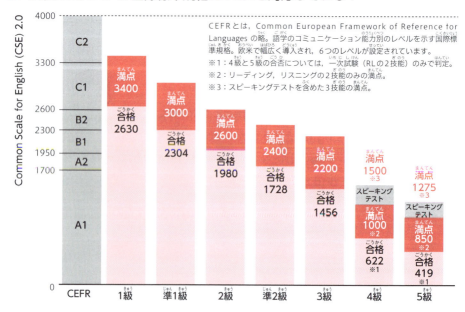

2021年度 受験情報

※「本会場」以外の実施方式については，試験日程・申込方法・検定料が異なりますので，英検ウェブサイトをご覧ください。
※ 受験情報は変更になる場合があります。

◉ 2021年度 試験日程

	第1回	第2回	第3回
申込受付	3月25日 ▶ 4月15日	8月1日 ▶ 8月27日	11月1日 ▶ 12月10日
一次試験	5月30日 (日)	10月10日 (日)	1月23日 (日) 2022年

スピーキングテスト	受験日の指定はなく，有効期間は申し込んだ回次の一次試験合否閲覧日から約1年間です。期間内に1度だけ受験できます。

◉ 申込方法

団体受験	▶ 学校や塾などで申し込みをする団体受験もあります。詳しくは先生にお尋ねください。
個人受験	▶ インターネット申込・コンビニ申込・英検特約書店申込のいずれかの方法で申し込みができます。詳しくは英検ウェブサイトをご覧ください。

◉ 検定料
2021年度の検定料については英検ウェブサイトをご覧ください。

お問い合わせ先

英検サービスセンター	英検ウェブサイト
TEL. 03-3266-8311	www.eiken.or.jp/eiken/
(月)～(金) 9：30～17：00 (祝日・年末年始を除く)	試験についての詳しい情報を見たり，入試等で英検を活用している学校の検索をすることができます。

英検®4級の試験形式とポイント

2020年度第1回検定と第2回検定を分析し，出題傾向と攻略ポイントをまとめました。4級の合格に必要な正答率は6割程度と予測されます。正答率が6割を切った大問は苦手な分野だと考えて，重点的に対策をとりましょう。

一次試験 筆記（35分）

1 ▶ 短文・会話文に合う適切な語句を選ぶ問題 | 問題数 15問 | 目標時間 10分

短文または会話文の空所に，文脈に合う適切な語(句)を補います。単語が7問，熟語が5問，文法が3問，出題されます。

---

(1) *A:* Are you using the computer, Jeff?
   B: Yes, but I'll finish (   ).
   1 more   **2** sure   **3** home   **4** soon   (2020年度第2回)

攻略ポイント 単語は，空所にどのような語が入れば文の意味が通じるかを考えて選択肢を見ます。熟語は，文の意味とともに空所前後にある語句とのつながりに注意します。文法は，文の内容や空所前後の語句との関係からどれが正しい語・形かを判断します。

2 ▶ 適切な会話表現を選ぶ問題 | 問題数 5問 | 目標時間 5分

会話文の空所に，会話の流れに合う適切な文や語句を補います。日常会話でよく使われる表現が問われます。

---

(16) *Boy:* I went to the zoo yesterday.
   Girl: That's nice. (   )
   Boy: By bus.
   1 Where were you?   **2** How did you go there?
   3 Who went there?   **4** What did you do?   (2020年度第2回)

攻略ポイント 会話全体の流れを把握するとともに，特に空所前後が内容的にどのようにつながっているかに注意します。空所がある方の話者になったつもりで会話文を読み，空所でどのような発話をすれば応答が成り立つかを考えましょう。

12

日本文の意味に合うように，与えられた①～⑤の語(句)を並べかえて文を完成させ，2番目と4番目にくる組合せの番号を答えます。

---

(21) 私のお父さんが私達の宿題を手伝ってくれます。
（ ① help　② will　③ my father　④ with　⑤ us ）

☐ ☐☐ ☐ ☐ our homework.
　　2番目　　4番目

1 ①-④　　**2** ②-⑤　　**3** ③-⑤　　**4** ④-⑤

（2020年度第2回）

攻略ポイント　肯定文では，主語と動詞を最初に考えます。疑問文では，疑問詞で始まる疑問文，Do / Does / Did やその他の助動詞で始まる疑問文など種類に応じた語順にします。
否定文では，not と動詞の位置に注意します。また，選択肢を見て熟語表現をまとめることも大切です。

3種類の英文（[A]掲示等，[B]手紙またはEメール，[C]長文）を読んで，内容に関する質問に答えたり，内容に合うように文を完成させたりします。

Freddy's Shoe Store's Christmas Sale!

Children's shoes will be 50% off. All women's boots will be $40! We will give a shoe bag to the first 30 people every day.

When: December 13 to December 24
Time: 10:30 a.m. to 7:00 p.m.

We will be open from 10:00 a.m. to 7:30 p.m. on the last day.

(26) What will the first 30 people get every day?
1 A pair of shoes.
2 A pair of boots.
3 A shoe bag.
4 A Christmas card.

(27) What time will Freddy's Shoe Store open on December 13?
1 At 10:00 a.m.
2 At 10:30 a.m.
3 At 7:00 p.m.
4 At 7:30 p.m.

（2020年度第2回）

攻略ポイント　問題文に出てくる順番で質問が作られているので，質問文中の語句を参考にしながら答えがどこに書かれているかをなるべく短時間で探します。ただし，正解で使われている表現が問題文とは違う表現になっていることがあるので注意が必要です。
場所が特定できたら，その部分を丁寧に読んで正確に理解し，答えを選びましょう。

第1部	会話に対する応答を選ぶ問題	問題数 10問	放送回数 2回

イラストを見ながら会話を聞き，会話の最後の発話に対する応答として最も適切なものを放送される選択肢から選びます。

問題冊子

No. 1

放送文

★ : I can't find my pencil.
☆ : Is it green?
★ : Yes. Can you see it?
1 Sure, you can use mine.
2 Yes, it's under your desk.
3 I finished at lunchtime.

（2020年度第2回）

★＝男性，☆＝女性

攻略ポイント　放送を聞く前にイラストを見て会話の状況を予想しておき，放送では最後の発話に集中して聞きましょう。最後の発話が疑問文であれば問われている内容に合った選択肢を選び，肯定文や否定文ではその状況でどのような応答が適切かを考えます。

第2部	会話の内容に関する質問に答える問題	問題数 10問	放送回数 2回

会話を聞き，内容に関する質問の答えを選択肢から選びます。質問は会話の内容の一部を問うものが中心で，話題や話者がいる場所が聞かれることもあります。

問題冊子

No. 11

1 He went to the lake.
2 He went fishing.
3 He visited the zoo.
4 He studied in the library.

放送文

☆ : What did you do after school today?
★ : I went to the lake, Mom.
☆ : Did you see any ducks?
★ : No, but I saw some fish.
Question: What did the boy do after school?

（2020年度第2回）

★＝男性，☆＝女性

攻略ポイント　1回目の放送で，会話の話題と質問の内容を理解します。2回目では，2人の発話内容を混同しないように注意しながら，質問に関係する部分を中心に聞き取るようにします。特に，数や場所，時などの情報に注意しましょう。

短い英文を聞き，内容に関する質問の答えを選択肢から選びます。英文の内容は登場人物に起きた出来事やこれからの予定などが中心ですが，公共施設でのアナウンスなどが出題されることもあります。

問題冊子	放送文

No. 21

1 The girl.
2 The girl's brother.
3 The girl's mother.
4 The girl's father.

My mom has long black hair. My older brother has black hair, too, but his is short. My dad's hair is short and gray.
Question: Who has short black hair?

(2020 年度第 2 回)

攻略ポイント
「いつ」，「だれが」，「どこで」，「何を」，「どのように」などを表す語句に注意します。必要に応じてメモを取りながら聞き，複数の情報を混同しないように整理するとともに，質問ではどの情報についてたずねているか理解します。

スピーキングテスト (約4分) 録音形式

パソコンやタブレットなどのコンピューター端末から，インターネット上の受験専用サイトにアクセスして受験します。画面に表示された25語程度の英文とイラストに関する質問に答えます。詳しくは Web 特典のスピーキングテストの予想問題をご覧ください。

スピーキングテストの流れ

音読 ……………… 画面に表示された英文を黙読した後，音読します。
No. 1, No. 2 …… 音読した英文の内容についての質問に答えます。
No. 3 ……………… イラスト中の人物の行動や状況を描写します。
No. 4 ……………… 受験者自身についての質問に答えます。

攻略ポイント
音読は制限時間内に丁寧にはっきり読みましょう。問題カードに関する質問は，質問の What や When などの疑問詞に注意し，何が聞かれているかを理解します。自分自身に関する質問は，主語・動詞を入れた文の形にして自由に答えましょう。

2020-2

2020.10.11実施

試験時間

筆記：35分

リスニング：約30分

Grade 4

筆記   P18〜29

リスニング   P30〜34

＊解答・解説は別冊P3〜32にあります。

■筆　記■

1 次の(1)から(15)までの（　　　）に入れるのに最も適切なものを 1, 2, 3, 4の中から一つ選び，その番号のマーク欄をぬりつぶしなさい。

(1) **A:** Are you using the computer, Jeff?
　　B: Yes, but I'll finish (　　　).
　　1 more　　**2** sure　　**3** home　　**4** soon

(2) That is the tallest (　　　) in Nagoya. My father works there.
　　1 computer　**2** world　　**3** dish　　**4** building

(3) **A:** Mom, I need a new notebook for school. Can you (　　　) me some money?
　　B: OK.
　　1 give　　**2** ride　　**3** have　　**4** buy

(4) **A:** How was the concert last night?
　　B: It was really (　　　). I enjoyed it a lot.
　　1 poor　　**2** dry　　**3** sad　　**4** fun

(5) **A:** Did you have a nice weekend?
　　B: Yes. I went to visit my (　　　).
　　1 crayons　　　　　**2** grandparents
　　3 vacations　　　　**4** dishes

(6) **A:** Do you have any pets?
　　B: No. I don't like (　　　) very much.
　　1 subjects　**2** trains　　**3** animals　**4** dolls

18

(7) *A:* How did you like Tokyo, Kelly?
B: It's a very big (　　　). I got lost twice.
1 idea　　　**2** body　　　**3** city　　　**4** word

(8) *A:* What do you do (　　　) the day on Saturdays?
B: I usually play in the park with my friends.
1 during　　**2** among　　**3** from　　**4** against

(9) My father eats breakfast early (　　　) the
morning.
1 from　　　**2** by　　　**3** in　　　**4** of

(10)*A:* What did you do yesterday afternoon, Pete?
B: My brother and I (　　　) catch in the park.
1 drove　　**2** rode　　**3** played　　**4** started

(11) Mari fell asleep on the train, so she didn't get
(　　　) at her stop. She was late for school.
1 over　　**2** down　　**3** in　　　**4** off

(12) All of Glen's friends had a good (　　　) at his
party.
1 time　　**2** cold　　**3** hundred　**4** life

(13) Mom was (　　　) on the phone when I came
home.
1 talk　　**2** talks　　**3** talked　　**4** talking

(14)*A:* Dad, this is Steve. (　　　) are good friends at
school.
B: Hello, Steve. I'm happy to meet you.
1 I　　　**2** He　　　**3** We　　　**4** You

19

(15) *A:* Hello. (   ) I talk to Patty?

   B: I'm sorry, she can't come to the phone right now.

   1 Will   **2** May   **3** Did   **4** Would

2 次の(16)から(20)までの会話について，(　　　　) に入れるのに最も適切なものを1, 2, 3, 4の中から一つ選び，その番号のマーク欄をぬりつぶしなさい。

(16) *Boy:* I went to the zoo yesterday.

　　Girl: That's nice. (　　　)

　　Boy: By bus.

　　1 Where were you?
　　2 How did you go there?
　　3 Who went there?
　　4 What did you do?

(17)　　*Son:* What are you doing, Mom?

　　Mother: It's your father's birthday, so (　　　)

　　1 I don't have one.
　　2 I'm making a cake.
　　3 let's go home.
　　4 it's over there.

(18) *Teacher:* Are you ready to take the test, Mary?

　　Student: Yes, Mr. Peterson. (　　　)

　　1 We didn't do well.
　　2 I forgot to bring it.
　　3 We have a new classmate.
　　4 I studied for it all weekend.

(19)   *Boy:* Excuse me. How much is that ball?
     Salesclerk: It's 500 yen. It's the last one.
         Boy: (   )
1 I'll take it.
2 It's Monday.
3 You're late.
4 Good idea.

(20) *Boy:* Can you show me the photos of your new dog?
     Girl: Sure, (   ) Let's look at them together.
1 I lost my phone.
2 I broke my camera.
3 here you are.
4 it's not mine.

---

3 次の(21)から(25)までの日本文の意味を表すように①から⑤までを並べかえて ☐ の中に入れなさい。そして，2番目と4番目にくるものの最も適切な組合せを1, 2, 3, 4の中から一つ選び，その番号のマーク欄をぬりつぶしなさい。※ただし，(   ) の中では，文のはじめにくる語も小文字になっています。

(21) 私のお父さんが私達の宿題を手伝ってくれます。
     (① help   ② will   ③ my father   ④ with
     ⑤ us)

	2番目		4番目	
☐	☐	☐	☐	☐	our homework.

1 ① - ④   **2** ② - ⑤   **3** ③ - ⑤   **4** ④ - ⑤

(22) 里美さん，どうしてあなたは携帯電話がほしいのですか。

（　① do　② a　③ you　④ want　⑤ why　）

Satomi, ☐ ☐^{2番目} ☐ ☐^{4番目} ☐ cell phone?

1 ① - ②　　　**2** ① - ④　　　**3** ③ - ④　　　**4** ③ - ⑤

(23) トムは昨年，フランス語の勉強を始めました。

（　① to　② began　③ last　④ French　⑤ study　）

Tom ☐ ☐^{2番目} ☐ ☐^{4番目} ☐ year.

1 ① - ④　　　**2** ② - ⑤　　　**3** ① - ⑤　　　**4** ② - ③

(24) エマは昨日，8時に家を出て仕事へ向かいました。

（　① at　② left　③ her house　④ work　⑤ for　）

Emma ☐ ☐^{2番目} ☐ ☐^{4番目} ☐ eight yesterday.

1 ③ - ①　　　**2** ⑤ - ①　　　**3** ③ - ④　　　**4** ⑤ - ③

(25) この英語の本は私には少し難しいです。

（　① a little　② English book　③ for　④ is
　⑤ difficult　）

This ☐ ☐^{2番目} ☐ ☐^{4番目} ☐ me.

1 ⑤ - ③　　　**2** ⑤ - ④　　　**3** ④ - ①　　　**4** ④ - ⑤

Freddy's Shoe Store's Christmas Sale!

Children's shoes will be 50% off. All women's boots will be $40! We will give a shoe bag to the first 30 people every day.

When: December 13 to December 24
Time: 10:30 a.m. to 7:00 p.m.

We will be open from 10:00 a.m. to 7:30 p.m. on the last day.

(26) What will the first 30 people get every day?
    1 A pair of shoes.
    2 A pair of boots.
    3 A shoe bag.
    4 A Christmas card.

(27) What time will Freddy's Shoe Store open on
December 13?
    1 At 10:00 a.m.
    2 At 10:30 a.m.
    3 At 7:00 p.m.
    4 At 7:30 p.m.

次のＥメールの内容に関して，(28)から(30)までの質問に対する答えとして最も適切なものを1, 2, 3, 4の中から一つ選び，その番号のマーク欄をぬりつぶしなさい。

From: Jack Mills
To: Nancy Mills
Date: May 13
Subject: My homework

Hi Grandma,
How are you? I have to write a report for history class. I need your help. I want to ask you some questions about your hometown and your parents. Can I visit you on Saturday or Sunday?
Love,
Jack

From: Nancy Mills
To: Jack Mills
Date: May 14
Subject: Saturday

Dear Jack,
Of course you can visit me. I have many stories to tell you. Please come to my house on Saturday morning. I'll show you some old photos. Some of the photos are more than 50 years old. I have

photos of my parents and my sisters, too. If you have time, let's also eat lunch together.
Love,
Grandma

(28) What does Jack want to do?
    1 Take his grandmother to school.
    2 Read a report for history class.
    3 Borrow some money for lunch.
    4 Ask his grandmother some questions.

(29) When will Jack go to his grandmother's house?
    1 On Saturday morning.
    2 On Saturday afternoon.
    3 On Sunday morning.
    4 On Sunday afternoon.

(30) What will Jack's grandmother show Jack?
    1 A new camera.
    2 Some old photos.
    3 Her parents' hometown.
    4 Her sister's report.

4[C]

Ken's Plane Ride

Ken loves planes. In the future, he wants to be a pilot. Last summer, he took a trip to Hawaii with his parents. He was excited to ride in a plane for the first time.

Ken's father drove Ken and his mother to the airport. They got there early, so they went to the observation deck* first. Ken watched planes for one hour, and he took a lot of photos, too.

After that, Ken and his parents walked to their boarding gate.* They had to wait there for 20 minutes before they could get on the plane. Ken was happy because his seat on the plane was next to a window.

Ken and his parents were on the plane for seven hours. When they arrived in Hawaii, Ken said to his mother, "That was so exciting! I enjoyed looking out the window very much. I want to sit by the window on the way home, too."

*observation deck: 展望デッキ
*boarding gate: 搭乗口

(31) What does Ken want to do in the future?
    1 Become a teacher.
    2 Become a pilot.
    3 Make planes.
    4 Buy his father a car.

(32) Where did Ken and his parents go last summer?
    1 To a pilot school.
    2 To a plane museum.
    3 To Japan.
    4 To Hawaii.

(33) What did Ken and his parents do first at the airport?
    1 They went to the observation deck.
    2 They bought a new camera.
    3 They walked to their boarding gate.
    4 They ate lunch at a restaurant.

(34) How long did Ken and his parents wait at the boarding gate?
    1 For ten minutes.
    2 For twenty minutes.
    3 For one hour.
    4 For seven hours.

(35) When Ken was on the plane, he
    1 read a book about Hawaii.
    2 took photos of the sea.
    3 enjoyed looking out the window.
    4 ate some new food.

■リスニング■

4級リスニングテストについて

1 このテストには，第1部から第3部まであります。
☆英文は二度放送されます。
第1部：イラストを参考にしながら対話と応答を聞き，最も適切な応答を
1, 2, 3の中から一つ選びなさい。
第2部：対話と質問を聞き，その答えとして最も適切なものを1, 2, 3, 4の
中から一つ選びなさい。
第3部：英文と質問を聞き，その答えとして最も適切なものを1, 2, 3, 4の
中から一つ選びなさい。

2 No. 30のあと，10秒すると試験終了の合図がありますので，筆記用具を
置いてください。

第1部 ◀)) ▶MP3 ▶アプリ ▶CD1 **1**～**11**

〔例題〕

No. 1

No. 2

No. 3

No. 4

No. 5

No. 6

No. 7

No. 8

No. 9

No. 10

No. 11
1 He went to the lake.
2 He went fishing.
3 He visited the zoo.
4 He studied in the library.

No. 12
1 This morning.
3 Tomorrow.
2 This afternoon.
4 This weekend.

No. 13
1 In her schoolbag.
2 In her bedroom.
3 At John's house.
4 At school.

No. 14
1 Two.
3 Four.
2 Three.
4 Five.

No. 15
1 Go shopping.
2 Go for a walk.
3 Swim in the lake.
4 Stay at home.

No. 16	1 To buy tickets for a concert.
	2 To practice for a concert.
	3 To do his homework.
	4 To talk to his music teacher.

| No. 17 | 1 Jeff's. | 2 Tim's. |
| | 3 Megan's. | 4 Kelly's. |

No. 18	1 Tony's soccer team.
	2 Tony's camera.
	3 Tony's birthday present.
	4 Tony's computer games.

| No. 19 | 1 Italian. | 2 French. |
| | 3 Chinese. | 4 Japanese. |

No. 20	1 Study for the math test.
	2 See a movie.
	3 Go to the library.
	4 Talk with his teacher.

第3部 ◀ϡ ▶MP3 ▶アプリ ▶CD1 23～33

No. 21	1 The girl.
	2 The girl's brother.
	3 The girl's mother.
	4 The girl's father.

No. 22	1 Every Wednesday.
	2 Every Saturday.
	3 Every Sunday.
	4 Every day.

No. 23
1 She didn't have time.
2 She couldn't buy a ticket.
3 She had a cold.
4 She had to work.

No. 24
1 Grapes.   2 Cherries.
3 Oranges.   4 Bananas.

No. 25
1 Go to school.
2 Take a test.
3 Study at the library.
4 Read their textbooks.

No. 26
1 Once a week.
2 Twice a week.
3 Three times a week.
4 Four times a week.

No. 27
1 In her car.   2 In her suitcase.
3 In her closet.   4 In her desk.

No. 28
1 Make toy trains.
2 Play with the boy.
3 Watch trains.
4 Go to the movies.

No. 29
1 The science club.
2 The tennis club.
3 The swimming club.
4 The English club.

No. 30
1 Some curry.   2 Some soup.
3 A pizza.   4 A hamburger.

2020-1

2020.6.28実施

試験時間

筆記：35分

リスニング：約30分

Grade 4

筆記　　　　　　　P36～47

リスニング　　　　P48～52

＊解答・解説は別冊P33～62にあります。

1 次の(1)から(15)までの（　　　）に入れるのに最も適切なものを
1, 2, 3, 4の中から一つ選び，その番号のマーク欄をぬりつぶしなさい。

(1) Soccer is very (　　　) at my school. Many
students play it.
　　1 cold　　　**2** popular　　**3** little　　　**4** small

(2) **A:** Let's go on a picnic tomorrow, Dad.
　　B: OK. We'll go if it's (　　　).
　　1 snowy　　**2** sunny　　**3** rainy　　**4** stormy

(3) **A:** I don't know the way to the airport.
　　B: Don't (　　　). I have a map here.
　　1 worry　　**2** dream　　**3** decide　　**4** explain

(4) **A:** Can you tell me your name?
　　B: I'm sorry. I can't speak English well. Can you
　　　　please speak more (　　　)?
　　1 slowly　　**2** early　　**3** luckily　　**4** sadly

(5) This morning, Bob got up late and (　　　) to the
bus stop.
　　1 stood　　**2** said　　　**3** ran　　　**4** grew

(6) Joe had soccer practice after school today. He was
very (　　　), so he went to bed early.
　　1 useful　　**2** tired　　**3** right　　**4** long

(7) **A:** Oh no! It's raining.
　　B: That's OK. Let's play a computer (　　　).
　　1 meal　　　**2** point　　**3** dream　　**4** game

(8) *A:* Can your brother go to the movie with us?
B: No. He (   ) to study.
1 takes   **2** has   **3** makes   **4** hears

(9) Lisa and her pen pal Yumi write letters to each
(   ) every month.
1 any   **2** both   **3** own   **4** other

(10) *A:* I don't want to eat these tomatoes, Mom.
B: Eat them. They're good (   ) you.
1 for   **2** of   **3** up   **4** before

(11) *A:* Tina really (   ) like Mary. Are they sisters?
B: Yes, but Mary is two years older.
1 brings   **2** looks   **3** meets   **4** puts

(12) *A:* Mom, can we watch a DVD tonight?
B: Yes. That's (   ) with me.
1 clean   **2** healthy   **3** soft   **4** fine

(13) *A:* What is your favorite subject at school?
B: Math. It's the (   ) interesting subject for
me.
1 most   **2** more   **3** many   **4** much

(14) *A:* Bill's birthday is next week. What (   )
you buy for him?
B: A new tennis racket. He needs one.
1 will   **2** do   **3** have   **4** be

(15) I'm going (   ) soccer with my friends this
afternoon.
1 play   **2** plays   **3** playing   **4** to play

2

(16) *Son:* Mom, do we have any cookies?
Mother: Sorry, ( ) But we have crackers.
1 here you are.
2 there are some.
3 we don't have any.
4 you don't think so.

(17) *Woman:* Excuse me. Where is the bus stop?
Man: ( )
1 It comes at ten.
2 Just around the corner.
3 You're right.
4 By bike.

(18) *Daughter:* I have soccer practice after school today.
Mother: OK. ( )
Daughter: About seven.
1 Who will you meet?
2 When will you get home?
3 Do you like sports?
4 Can you play soccer?

(19) *Boy:* This homework is difficult.

     Girl: I finished mine already, so (   )

     1 I'll buy it.

     2 I'm full.

     3 I'm busy now.

     4 I'll help you.

(20) *Girl:* Look at that poster. What language is that?

     Boy: (   ) Let's ask Ms. Brown. She knows
             many languages.

     1 I have no idea.

     2 It's on the wall.

     3 I don't have time.

     4 It's ready.

3

(21) ジョセフ，テレビの前に立たないでください。
（ ① of　② don't　③ front　④ in　⑤ stand ）
Joseph, please □ □(2番目) □ □(4番目) □ the TV.
1 ① - ④　　**2** ⑤ - ③　　**3** ④ - ③　　**4** ② - ⑤

(22) ジェイソンは数学が得意ではありません。
（ ① not　② at　③ is　④ math　⑤ good ）
Jason □ □(2番目) □ □(4番目) □.
1 ① - ②　　**2** ④ - ③　　**3** ① - ⑤　　**4** ② - ④

(23) 私は紅茶を飲む時はこのカップを使います。
（ ① drink　② use　③ when　④ this cup　⑤ I ）
I □ □(2番目) □ □(4番目) □ tea.
1 ④ - ⑤　　**2** ④ - ③　　**3** ① - ④　　**4** ① - ②

(24) 私はこの写真を何度も見ました。
（ ① this photo　② and　③ at　④ again
⑤ looked ）
I □ □(2番目) □ □(4番目) □ again.
1 ③ - ②　　**2** ③ - ④　　**3** ④ - ③　　**4** ⑤ - ④

40

(25) あなたの誕生日には，どんな服が欲しいですか。

(① clothes　② kind　③ what　④ do　⑤ of)

[　　] [　2番目　] [　　] [　4番目　] [　　] you want for your

birthday?

1 ④ - ②　　**2** ② - ①　　**3** ③ - ⑤　　**4** ⑤ - ②

Lee's Restaurant

Get the best meals here!

Weekday Specials

Fried fish with vegetables …$10
Chicken and rice   …$12
  Drinks are $2 each if you order a weekday special.

Today's Specials

Roast beef sandwich and soup (onion or corn) …$14
Green salad and fresh juice   …$6

We're open from Monday to Saturday from 10 a.m. to 9 p.m.

(26) How much is a drink when people order a weekday special?
   1 $2.
   2 $6.
   3 $10.
   4 $14.

(27) Lee's Restaurant is closed on
   1 Mondays.
   2 Tuesdays.
   3 Saturdays.
   4 Sundays.

From: Jenny Roberts
To: Karen Miller
Date: February 24
Subject: Science test

Hi Karen,
How are you? I was sick, so I couldn't go to school for three days. But I'll be back tomorrow. We have a science test on Friday. I already read the textbook. Can I borrow your science notebook?
See you soon,
Jenny

From: Karen Miller
To: Jenny Roberts
Date: February 24
Subject: No problem

Hi Jenny,
I was worried. I hope you feel better now! Mr. Franklin talked a lot about animals in class. You can borrow my notebook, but I have a better idea. Let's study together after school tomorrow or on

Thursday. We can study at my house. My mother made cookies today, so we can have some for a snack. Let's meet in the cafeteria after school and leave together.
See you then,
Karen

(28) When will Jenny and Karen have a science test?
  1 Today.
  2 Tomorrow.
  3 On Thursday.
  4 On Friday.

(29) What does Jenny want to do?
  1 Borrow Karen's notebook.
  2 Learn to make cookies.
  3 Buy a textbook.
  4 Talk to Mr. Franklin.

(30) Where does Karen want to study for the test?
  1 In the cafeteria.
  2 In the science room.
  3 At her house.
  4 At Jenny's house.

次の英文の内容に関して，(31)から(35)までの質問に対する答えとして最も適切なもの，または文を完成させるのに最も適切なものを1, 2, 3, 4の中から一つ選び，その番号のマーク欄をぬりつぶしなさい。

4[C]

Tyler's New Hobbies

Tyler's family had a big TV. Tyler liked to watch TV for many hours every day after school. His mother often said, "Go to your room and do your homework." Tyler didn't like to do his homework, so his mother was often angry.

Last September, the TV broke. Tyler was very sad. He said to his parents, "I want a new TV." Tyler's father said, "Maybe we can get a new one for Christmas."

After that, Tyler couldn't watch TV. So, he usually did his homework when he got home from school. Sometimes, he read books from the library. When the weather was nice, Tyler played soccer in the park with his friends. After dinner, he listened to the radio and talked with his parents.

On Christmas morning, Tyler and his parents opened some presents. One of the presents was a new TV. Tyler was happy because he could watch TV again, but he enjoys his new hobbies, too.

(31) Every day after school, Tyler liked to
1 play sports with his friends.
2 study at the library.
3 help his mother with dinner.
4 watch TV for many hours.

(32) Why was Tyler's mother often angry?
1 Tyler didn't like to do his homework.
2 Tyler always lost his library books.
3 She couldn't watch her favorite TV show.
4 She didn't want to cook dinner every day.

(33) What happened last September?
1 Tyler lost his soccer shoes.
2 Tyler bought a present for his friend.
3 Tyler's family's TV broke.
4 The library closed.

(34) When did Tyler listen to the radio?
1 Before breakfast.
2 During lunch.
3 During dinner.
4 After dinner.

(35) Why was Tyler happy on Christmas morning?
1 His parents started a new hobby.
2 His family got a new TV.
3 He played soccer with his father.
4 He read some books.

■リスニング■

4級リスニングテストについて

1　このテストには，第1部から第3部まであります。
　　☆英文は二度放送されます。
　　第1部：イラストを参考にしながら対話と応答を聞き，最も適切な応答を
　　　　　　1, 2, 3の中から一つ選びなさい。
　　第2部：対話と質問を聞き，その答えとして最も適切なものを1, 2, 3, 4の
　　　　　　中から一つ選びなさい。
　　第3部：英文と質問を聞き，その答えとして最も適切なものを1, 2, 3, 4の
　　　　　　中から一つ選びなさい。

2　No. 30のあと，10秒すると試験終了の合図がありますので，筆記用具を
　置いてください。

第1部 　　　　　🔊 ▶MP3 ▶アプリ ▶CD1 34〜44

〔例題〕

No. 1

No. 2

No. 3

No. 4

No. 5

No. 6

No. 7

No. 8

No. 9

No. 10

| No. 11 | **1** At 4:00. | **2** At 4:30. |
| | **3** At 5:00. | **4** At 5:30. |

No. 12
1 Jenny will.
2 Steve will.
3 Jenny's brother will.
4 Steve's brother will.

No. 13
1 To school.
2 To his friend's house.
3 To a baseball stadium.
4 To a sports store.

| No. 14 | **1** Buy a doghouse. | **2** Get a dog. |
| | **3** Play with his friend. | **4** Visit a zoo. |

No. 15
1 He ate too much.
2 He had a cold.
3 He went to bed late.
4 He doesn't like pizza.

No. 16	1 He has to do his homework.
	2 He went fishing yesterday.
	3 He will take an English lesson.
	4 He doesn't like fishing.

| No. 17 | 1 Take a bus. | 2 Ask for help. |
| | 3 Take an art class. | 4 Walk to the museum. |

No. 18	1 Ms. Walker's sister.
	2 Ms. Walker's classroom.
	3 Bobby's homework.
	4 Bobby's glasses.

No. 19	1 She went shopping.
	2 She made cookies.
	3 She visited the man's house.
	4 She had a Christmas party.

No. 20	1 He took the train.
	2 He walked.
	3 His mother took him.
	4 Ms. Olsen took him.

第3部 ◀)) ▶MP3 ▶アプリ ▶CD1 56〜66

| No. 21 | 1 Grapes. | 2 Bananas. |
| | 3 Blueberries. | 4 Strawberries. |

No. 22	1 Visit David's house.
	2 Go to a new school.
	3 Play volleyball.
	4 Watch a volleyball game.

No. 23	1 Today's weather.
	2 A new school uniform.
	3 A restaurant.
	4 A trip to the zoo.

No. 24	1 Tom lost his house key.
	2 Tom didn't clean his room.
	3 Tom didn't call his friend.
	4 Tom got home late.

No. 25 1 One. 2 Two. 3 Three. 4 Many.

No. 26	1 Stay at home.
	2 Meet some new people.
	3 Go to a festival.
	4 Visit a small town.

No. 27	1 Go to work early.
	2 Take her umbrella.
	3 Eat breakfast quickly.
	4 Buy a new TV.

No. 28 1 Last week. 2 Last month.
3 Last summer. 4 Last winter.

No. 29 1 Math. 2 English.
3 History. 4 Science.

No. 30	1 Next to a swimming pool.
	2 Near the ocean.
	3 On a boat.
	4 By a lake.

2019-3

2020.1.26実施

試験時間

筆記：35分

リスニング：約30分

Grade 4

筆記　　　　　　　P54〜65

リスニング　　　　P66〜70

＊解答・解説は別冊P63〜92にあります。

■筆　記■

1 次の(1)から(15)までの（　　　）に入れるのに最も適切なものを
1, 2, 3, 4の中から一つ選び，その番号のマーク欄をぬりつぶしなさい。

(1) Donald took his son to the (　　　) to look at the planes.
1 station　　**2** airport　　**3** hospital　　**4** bank

(2) Laura is busy today.　First, she will do her math homework, and then she will finish her (　　　) for science class.
1 ticket　　　　　　　　**2** project
3 crayon　　　　　　　　**4** blackboard

(3) The (　　　) is very clear and full of stars tonight. It's beautiful!
1 land　　**2** boat　　**3** sky　　**4** ground

(4) *A:* Do you want (　　　) or jam on your toast?
B: I'll have jam, please.
1 station　　**2** spoon　　**3** butter　　**4** table

(5) My (　　　) sport is volleyball.　But my friends don't like it.
1 happy　　**2** long　　**3** nice　　**4** favorite

(6) It was raining hard when we (　　　) at the station.
1 put　　**2** invited　　**3** arrived　　**4** made

(7) I like listening to my grandfather's stories.　His stories are always very (　　　).
1 late　　**2** high　　**3** sleepy　　**4** interesting

(8) I don't want to (　　　) a cold, so I wash my hands often.

1 answer　　**2** catch　　**3** end　　**4** do

(9) *A:* How do you (　　　) to school, Harry?
B: I go by train.

1 ask　　**2** get　　**3** give　　**4** tell

(10) *A:* You're driving too fast, John!　Slow (　　　).
B: OK.　Sorry.

1 down　　**2** in　　**3** away　　**4** off

(11) *A:* Those flowers are beautiful.　Can I (　　　) a picture of them?
B: Sure.

1 answer　　**2** take　　**3** hear　　**4** ride

(12) Jenny got very tired in the race, but she did not give (　　　).　She ran and finished the race.

1 off　　**2** on　　**3** up　　**4** at

(13) *A:* (　　　) are you going to go to the park today?
B: I want to paint a picture.

1 When　　**2** What　　**3** Where　　**4** Why

(14) *A:* Karen, I was looking for you.　Where (　　　) you?
B: In the garden, Dad.

1 is　　**2** am　　**3** was　　**4** were

(15) *A:* Jack, stop (　　　) TV and wash the dishes.
B: All right, Mom.

1 watching　　**2** watches　　**3** watched　　**4** watch

(16) *Woman 1:* There were a lot of people at the festival yesterday. (　　)

Woman 2: No, I was working.

1　Are you finished?
2　Did you go?
3　Is it time to eat?
4　What did you wear?

(17) *Girl:* Your jacket is nice, Mike!　Is it new?

Boy: (　　　) I got it for my birthday.

1　Yes.　It was a present.
2　Sure, I know you.
3　I'd like to.
4　I'm going to see it.

(18) *Man:* Excuse me, I'm looking for a new camera.

Saleswoman: (　　　) It's small, light, and popular.

1　When is it?
2　Which is yours?
3　How about this one?
4　Whose pictures are these?

(19) *Woman:* See you later, Beth. Please say hello to
your mother.
   Girl: (   )
   1 No, not yesterday.
   2 Maybe we can.
   3 Yes, I think so.
   4 OK, I will.

(20) *Teacher:* Is John at school today?
   Student: Yes. (   )
   1 He stayed at home.
   2 I saw him five minutes ago.
   3 The homework was difficult.
   4 He tried to do it.

次の(21)から(25)までの日本文の意味を表すように①から⑤までを並べかえて ☐ の中に入れなさい。そして，2番目と4番目にくるものの最も適切な組合せを1, 2, 3, 4の中から一つ選び，その番号のマーク欄をぬりつぶしなさい。※ただし，( ) の中では，文のはじめにくる語も小文字になっています。

3

(21) フレッドは毎日2時間ジョギングをします。

(① jogging ② for ③ two ④ goes
⑤ hours)

Fred ☐ ☐(2番目) ☐ ☐(4番目) ☐ every day.

1 ① - ② **2** ① - ③ **3** ⑤ - ② **4** ③ - ⑤

(22) メリッサは箱の中から母親の黄色いドレスを見つけました。

(① dress ② in ③ found ④ yellow
⑤ her mother's)

Melissa ☐ ☐(2番目) ☐ ☐(4番目) ☐ a box.

1 ① - ② **2** ④ - ② **3** ③ - ① **4** ⑤ - ①

(23) ブラウンさんと彼女の息子は昨日歯医者にいました。

(① at ② her son ③ and ④ were
⑤ Mrs. Brown)

☐ ☐(2番目) ☐ ☐(4番目) ☐ the dentist yesterday.

1 ① - ④ **2** ④ - ② **3** ② - ③ **4** ③ - ④

(24) ジャネットはそのコンサートについてお姉_{ねえ}さんから聞_ききました。

(① the concert ② about ③ her ④ heard
⑤ from)

Janet ☐ ☐^{2番目} ☐ ☐^{4番目} ☐ sister.

1 ④ - ①   **2** ⑤ - ②   **3** ② - ⑤   **4** ⑤ - ③

(25) 今夜_{こんや}は早_{はや}くお風呂_{ふろ}に入_{はい}ったほうがいいですよ。

(① bath ② you ③ a ④ should ⑤ take)

☐ ☐^{2番目} ☐ ☐^{4番目} ☐ early tonight.

1 ④ - ③   **2** ② - ④   **3** ⑤ - ①   **4** ③ - ①

次の掲示の内容に関して，(26)と(27)の質問に対する答えとして最も適切なもの，または文を完成させるのに最も適切なものを1, 2, 3, 4の中から一つ選び，その番号のマーク欄をぬりつぶしなさい。

Laketown Library

Summer Hours

July 25 to 31	9 a.m. to 5 p.m.
August 1 to 4	*Closed*
August 5 to 16	10 a.m. to 2 p.m.
August 17 & 18	*Closed*

There will be an art class for children on August 16. They can learn to draw pictures for picture books. For more information, come to the front desk.

(26) What time will the library close on July 31?

    1 At 9 a.m.

    2 At 10 a.m.

    3 At 2 p.m.

    4 At 5 p.m.

(27) On August 16, children can

    1 write a book.

    2 get a picture of the library.

    3 take an art class.

    4 learn about Laketown.

From: Katie Walton
To: Yumi Oda
Date: January 15
Subject: This weekend

Hi Yumi!
How are you? My family and I are going to go ice-skating on Saturday. Can you come with us? We'll go to Northside Park in the morning. There's a lake there, and we can skate on it. After that, my parents will buy us lunch.
I hope you can come!
Katie

From: Yumi Oda
To: Katie Walton
Date: January 15
Subject: Thanks!

Hi Katie,
I'd love to go ice-skating with you! When I lived in Hokkaido, I went ice-skating every weekend in winter. I have a piano lesson on Saturday at 4 p.m.,

but I can eat lunch with you after we go ice-skating. I'm excited to see your parents again. See you on Saturday!
Thanks,
Yumi

(28) Where will Katie and her family go on Saturday morning?
　1 To Yumi's house.
　2 To Northside Park.
　3 To a sports store.
　4 To Hokkaido.

(29) How often did Yumi go ice-skating in Hokkaido?
　1 Once a year.
　2 Every month.
　3 Every weekend in winter.
　4 Every day in winter.

(30) What is Yumi going to do after lunch on Saturday?
　1 Make some snacks with Katie.
　2 Go back to Hokkaido.
　3 Meet Katie's parents for the first time.
　4 Go to a piano lesson.

4[C]

次の英文の内容に関して，(31)から(35)までの質問に対する答えとして最も適切なもの，または文を完成させるのに最も適切なものを1, 2, 3, 4の中から一つ選び，その番号のマーク欄をぬりつぶしなさい。

A New Uniform

Kim's father got a job in Japan, so Kim and her family just moved from Canada to Japan. She will go to a school in Yokohama. Students from many countries go to this school. Her new school is as big as her old school in Canada. There were no uniforms at Kim's old school, but the students at her new school must wear uniforms.

Yesterday, Kim and her mother went shopping. First, they bought notebooks and pencils. Then, they had lunch at a curry restaurant. After that, they went to buy a uniform.

Kim was surprised because there were many kinds of uniforms at the store. "Can I get this green and brown uniform?" Kim asked. "No," her mother said, "the colors of your school uniform are blue and gold." They bought one uniform for summer and one for winter. Kim is excited to wear her new uniform to school next week.

(31) Why did Kim and her family move to Japan?

   1 Her school in Canada closed.

   2 Her family started a curry restaurant.

   3 Her mother wants to open a clothes store.

   4 Her father got a job there.

(32) At Kim's new school,

   1 the students must wear uniforms.

   2 the students have to bring their own lunches.

   3 there aren't many students.

   4 the students don't speak English.

(33) What did Kim and her mother do first yesterday?

   1 They ate lunch.

   2 They bought notebooks and pencils.

   3 They looked at uniforms.

   4 They visited Kim's new school.

(34) Why was Kim surprised?

   1 The uniform for winter was very expensive.

   2 She couldn't find any cute notebooks.

   3 There were many kinds of uniforms at the store.

   4 There were many students at her new school.

(35) Which uniform did Kim want to buy?

   1 The blue and green one.

   2 The blue and gold one.

   3 The green and brown one.

   4 The gold and brown one.

■リスニング■

4級リスニングテストについて

1 このテストには，第1部から第3部まであります。
☆英文は二度放送されます。
第1部：イラストを参考にしながら対話と応答を聞き，最も適切な応答を
1, 2, 3の中から一つ選びなさい。
第2部：対話と質問を聞き，その答えとして最も適切なものを1, 2, 3, 4の
中から一つ選びなさい。
第3部：英文と質問を聞き，その答えとして最も適切なものを1, 2, 3, 4の
中から一つ選びなさい。

2 No. 30のあと，10秒すると試験終了の合図がありますので，筆記用具を
置いてください。

‖‖‖‖ 第1部 ‖‖‖‖‖‖‖‖‖‖‖‖ ◀)) ▶MP3 ▶アプリ ▶CD2 **1**～**11**

〔例題〕

No. 1

No. 2

No. 3

No. 4

No. 5

No. 6

No. 7

No. 8

No. 9

No. 10

No. 11	**1** Some coffee.	**2** Some juice.
	3 Some milk.	**4** Some tea.

No. 12	**1** Charlie's cat.	**2** Charlie's baby sister.
	3 Tina's friend.	**4** Tina's birthday.

No. 13
1 The girl.
2 The boy.
3 The girl's grandmother.
4 The boy's grandmother.

No. 14
1 Write a report about Africa.
2 Get a new history textbook.
3 Visit her friend in Africa.
4 Read the boy's story.

No. 15
1 Go to the man's house.
2 Have lunch together.
3 Make a salad.
4 Travel to India.

No. 16	1 Drawing a map.
	2 Buying a map.
	3 Looking for a hotel.
	4 Leaving a hotel.

No. 17	1 To the zoo.
	2 To the movies.
	3 To her sister's house.
	4 To her friend's house.

No. 18	1 To make soup.
	2 To make curry.
	3 To make potato chips.
	4 To make potato salad.

No. 19

1 Math. 2 Science.
3 Art. 4 History.

No. 20

1 Go to the bank.
2 Go to a concert.
3 Make lunch.
4 Buy tickets.

第3部 だい ぶ 🔊 ▶MP3 ▶アプリ ▶CD2 23～33

No. 21

1 He stayed in bed.
2 He went to school.
3 He made some soup.
4 He helped his mother.

No. 22

1 Magazines. 2 Books.
3 Postcards. 4 Tickets.

No. 23
1 Riding horses.
2 Playing with the dog.
3 Talking to her grandfather.
4 Looking at the animals.

No. 24
1 Bring a flower to school.
2 Go to class early.
3 Help their art teacher.
4 Talk about their favorite color.

No. 25
1 July 1.   2 July 25.
3 August 1.   4 August 7.

No. 26
1 Her school trip.
2 Her family's garden.
3 Her favorite season.
4 Her summer vacation.

No. 27
1 To buy some Hawaiian food.
2 To buy a new camera.
3 To get tickets for her trip.
4 To get a new swimsuit.

No. 28
1 Sushi.   2 Noodles.
3 Fried chicken.   4 Curry and rice.

No. 29
1 Take a test.
2 Study for school.
3 Buy a swimsuit.
4 Start a new class.

No. 30
1 One dollar.   2 Two dollars.
3 Three dollars.   4 Four dollars.

2019-2

2019.10.6実施

試験時間

筆記：35分

リスニング：約30分

Grade 4

筆記　　　　　　　P72〜83

リスニング　　　　P84〜88

＊解答・解説は別冊P93〜122にあります。

1 次の(1)から(15)までの（　　　）に入れるのに最も適切なものを1, 2, 3, 4の中から一つ選び, その番号のマーク欄をぬりつぶしなさい。

(1) *A:* How many (　　　) do you have?
B: Three. Two boys and one girl.
1 dances　　**2** children　**3** farms　　**4** days

(2) I (　　　) my father's camera, so he was very angry.
1 hoped　　**2** answered　**3** visited　　**4** dropped

(3) Satomi's school had an English speech (　　　) today. Satomi was happy because she did very well.
1 contest　　**2** map　　**3** trip　　**4** play

(4) *A:* One orange juice, please.
B: What (　　　) would you like?
A: Small, please.
1 way　　**2** hour　　**3** sound　　**4** size

(5) Karen takes her (　　　) sister to the park every Saturday morning.
1 little　　**2** less　　**3** long　　**4** left

(6) *A:* Dad, my math homework is too (　　　). Can you help me?
B: Sure, Judy.
1 useful　　**2** ready　　**3** perfect　　**4** difficult

(7) *A:* Do you have any (　　　) for the weekend, Bob?
B: Yes. My family and I will go to the beach.
1 parts　　**2** presents　**3** posters　　**4** plans

(8) There are many kinds of cakes in this shop. (　　) example, they have chocolate, banana, and coffee.
1 For　　　**2** Of　　　**3** At　　　**4** With

(9) *A:* Fred. When you see Jane, please (　　) hello to her for me.
B: OK. I will, Mr. Jackson.
1 hear　　　**2** ask　　　**3** say　　　**4** give

(10) The dog sat next to his bowl and (　　) for his food.
1 wore　　　**2** waited　　　**3** walked　　　**4** bought

(11) The teachers at my school had a special meeting today. They (　　) about the sports festival.
1 hoped　　　**2** talked　　　**3** joined　　　**4** cleaned

(12) *A:* Do you (　　) in Santa, Chris?
B: Of course! He brings me presents every Christmas.
1 brush　　　**2** believe　　　**3** begin　　　**4** bring

(13) It (　　) all day yesterday, so I didn't go out.
1 rain　　　**2** rains　　　**3** will rain　　**4** rained

(14) John's mother and father (　　) home now. They're at the shopping center.
1 don't　　　**2** doesn't　　　**3** isn't　　　**4** aren't

(15) Next Tuesday is my father's birthday. I'm going to give (　　) a watch.
1 he　　　**2** his　　　**3** him　　　**4** it

次の(16)から(20)までの会話について, (　　　　) に入れるのに最も適切なものを1, 2, 3, 4の中から一つ選び, その番号のマーク欄をぬりつぶしなさい。

(16) *Boy:* Sorry, Julia. I'm going to be late for your party tomorrow.
Girl: That's OK. (　　　)
Boy: At about 5:00.
1 Where is the party?
2 When can you come?
3 Are you always late?
4 How many people are there?

(17) *Mother:* Do you want some more pizza, Daniel?
Son: Yes, (　　　)
1 I want to cook dinner.
2 I can't eat it.
3 I don't think so.
4 I'm really hungry.

(18) *Boy:* Hi, Meg. How was your trip to France?
Girl: It was fun. (　　　)
Boy: Really? I'd like to see them sometime.
1 The camera is mine.
2 I went there many times.
3 I took some nice photos.
4 I went by airplane.

(19) *Man:* Will you be at the baseball game on
　　　　　Saturday?
　　　Woman: (　　　　) I'll visit my cousin this weekend.
　　　1 No, I won't.
　　　2 Yes, we have to.
　　　3 No, it isn't.
　　　4 Yes, you said that.

(20) *Girl 1:* How often do you eat breakfast, Jane?
　　　Girl 2: (　　　　) I always have eggs and toast.
　　　1 I ate too much.
　　　2 No one did.
　　　3 About 20 minutes.
　　　4 Every day.

(21) お母さん，夕食の手伝いが必要ですか。

（　① dinner　② you　③ help　④ need　⑤ with　）

Mom, do □ <u>2番目</u> □ □ <u>4番目</u> □ ?

1 ③ - ①　　　　**2** ③ - ④　　　　**3** ④ - ①　　　　**4** ④ - ⑤

(22) このくつは，アダムには小さすぎます。

（　① for　② are　③ small　④ too　⑤ shoes　）

These □ <u>2番目</u> □ □ <u>4番目</u> □ Adam.

1 ⑤ - ②　　　　**2** ③ - ⑤　　　　**3** ② - ③　　　　**4** ④ - ①

(23) 東京には訪れるところがたくさんあります。

（　① are　② a lot of　③ there　④ to　⑤ places　）

□ <u>2番目</u> □ □ <u>4番目</u> □ visit in Tokyo.

1 ③ - ⑤　　　　**2** ② - ①　　　　**3** ① - ⑤　　　　**4** ⑤ - ②

(24) あなたは今年の夏にどこへ行く予定ですか。

（　① you　② are　③ going　④ where　⑤ to　）

□ <u>2番目</u> □ □ <u>4番目</u> □ go this summer?

1 ② - ⑤　　　　**2** ② - ③　　　　**3** ④ - ①　　　　**4** ④ - ⑤

(25) すてきなネクタイをありがとうございました。

（ ① you ② nice ③ the ④ for ⑤ thank ）

□ □^{2番目} □ □^{4番目} □ tie.

1 ① - ③   **2** ④ - ①   **3** ① - ⑤   **4** ④ - ②

次のちらしの内容に関して，(26)と(27)の質問に対する答え
として最も適切なもの，または文を完成させるのに最も適切
なものを1, 2, 3, 4の中から一つ選び，その番号のマーク欄を
ぬりつぶしなさい。

Pizza Princess One-Month Special

From Friday, June 19 to Saturday, July 18,
everything at Pizza Princess is on sale!

All pizzas are only $8 each.
If you buy two pizzas, you'll get one more for free!
Drinks are $1 each.
We have desserts, too. Cakes are $10 each.

If you love pizza, don't miss this sale!
Hours: 11:00 a.m. to 10:00 p.m.

(26) When does the sale end?
- **1** On June 18.
- **2** On June 19.
- **3** On July 18.
- **4** On July 19.

(27) People will get a free pizza if they
- **1** buy one drink.
- **2** buy one cake.
- **3** buy two pizzas.
- **4** buy two desserts.

次のEメールの内容に関して，(28)から(30)までの質問に対する答えとして最も適切なものを1, 2, 3, 4の中から一つ選び，その番号のマーク欄をぬりつぶしなさい。

From: Brenda Jackson
To: Katherine Jackson
Date: July 21
Subject: Help!

Hi Katherine,
Can you help me? Today is your dad's birthday. I forgot about it. Please make some chocolate cookies after you come home. After work, I'll buy some steaks at the supermarket to cook for dinner. I'll be home at six. Dad will be home at 6:30.
Thanks,
Mom

From: Katherine Jackson
To: Brenda Jackson
Date: July 21
Subject: OK

Hi Mom,
No problem! I don't have swimming practice today, so I'll get home at 4:30. I can make the cookies, and I'll make a salad, too. I'll use some tomatoes

from the garden. Can you buy some potatoes? Let's make potato soup, too. It's Dad's favorite food.
See you at six,
Katherine

(28) Who forgot about Katherine's father's birthday?
    1 Katherine's mother.
    2 Katherine's sister.
    3 Katherine's grandfather.
    4 Katherine.

(29) What will Katherine do after she gets home?
    1 Buy some tomatoes.
    2 Go to swimming practice.
    3 Work at a supermarket.
    4 Make some chocolate cookies.

(30) What is Katherine's father's favorite food?
    1 Tomato salad.
    2 Potato soup.
    3 Steak.
    4 French fries.

次の英文の内容に関して，(31)から(35)までの質問に対する答えとして最も適切なもの，または文を完成させるのに最も適切なものを1, 2, 3, 4の中から一つ選び，その番号のマーク欄をぬりつぶしなさい。

4[C]

A Day at the Bookstore

Suzu is a university student in Osaka. She studies English. She loves to read, and she often visits the city library. Last Saturday, a new bookstore opened near her apartment, so she went there at ten o'clock in the morning. It was big and beautiful. She looked at many kinds of books for two hours.

At twelve o'clock, Suzu bought three books and one magazine. "What's on the second floor?" she thought. When Suzu went to the second floor of the bookstore, she saw a café. There were many things on the menu at the café. The cakes and sandwiches looked nice, but she just bought a cup of tea. She sat down and started reading her new magazine.

At two o'clock, Suzu looked around. There were many people in the café, and they were eating and drinking. She thought, "It's a little noisy* now." So, she went home. Suzu enjoyed her day at the bookstore.

*noisy: 騒がしい

82

(31) What does Suzu do?
1 She studies at a university.
2 She writes books in Osaka.
3 She works at a library.
4 She works at a bookstore.

(32) How long did Suzu look at books at the new bookstore?
1 For one hour.
2 For two hours.
3 For three hours.
4 For nine hours.

(33) What did Suzu do at twelve o'clock?
1 She made lunch.
2 She took a walk outside.
3 She bought some books and a magazine.
4 She went to her English class.

(34) At the café, Suzu bought
1 a cup of tea.
2 a cup of coffee.
3 a cake.
4 a sandwich.

(35) What time did Suzu go home?
1 At ten o'clock.
2 At twelve o'clock.
3 At two o'clock.
4 At six o'clock.

■リスニング■

4級リスニングテストについて

1 このテストには，第1部から第3部まであります。
☆英文は二度放送されます。
第1部：イラストを参考にしながら対話と応答を聞き，最も適切な応答を
1, 2, 3の中から一つ選びなさい。
第2部：対話と質問を聞き，その答えとして最も適切なものを1, 2, 3, 4の
中から一つ選びなさい。
第3部：英文と質問を聞き，その答えとして最も適切なものを1, 2, 3, 4の
中から一つ選びなさい。

2 No. 30のあと，10秒すると試験終了の合図がありますので，筆記用具を
置いてください。

||||| 第1部 ||||||||||||||||||| ◀)) ▶MP3 ▶アプリ ▶CD 2 **34**〜**44**

〔例題〕

No. 1

No. 2

No. 3

No. 4

No. 5

No. 6

No. 7

No. 8

No. 9

No. 10

No. 11
1 Amy's sister.
2 Amy's brother.
3 Brian's sister.
4 Brian's brother.

No. 12
1 To the mother's office.
2 To the boy's school.
3 To the airport.
4 To a restaurant.

No. 13
1 There is no paper.
2 The man is late.
3 Her phone is broken.
4 She lost her notebook.

No. 14
1 The grandmother's hobby.
2 The boy's badminton team.
3 A party at school.
4 A famous badminton player.

No. 15	1 They are fast.
	2 They are easy to draw.
	3 He likes traveling.
	4 His father is a pilot.

| No. 16 | 1 Go hiking. | 2 Visit his aunt. |
| | 3 Study. | 4 Go shopping. |

| No. 17 | 1 Yesterday. | 2 Last weekend. |
| | 3 Two weeks ago. | 4 Last month. |

No. 18	1 Her homestay.
	2 Her computer club.
	3 Reading an e-mail.
	4 Talking to her sister.

No. 19	1 At a sports club.
	2 At a department store.
	3 At the man's house.
	4 At the woman's house.

| No. 20 | 1 About 5 minutes. | 2 About 15 minutes. |
| | 3 About 30 minutes. | 4 About 50 minutes. |

■■■■ 第3部 ■■■■■■■■■■■■■■■■■■■ 🔊 ▶MP3 ▶アプリ ▶CD2 56～66

No. 21	1 She met her favorite player.
	2 She played baseball.
	3 Her best friend visited her.
	4 Her father helped her.

No. 22	1 They made a cake.
	2 They looked for a present.
	3 They went to a restaurant.
	4 They cooked some steak.

| No. 23 | 1 Oranges. | 2 Strawberries. |
| | 3 Bananas. | 4 Apples. |

| No. 24 | 1 By bus. | 2 By plane. |
| | 3 By train. | 4 By car. |

| No. 25 | 1 Her new game. | 2 Her house. |
| | 3 Her favorite color. | 4 Her pet. |

No. 26	1 Take a test.
	2 Go to his friend's house.
	3 Read in the library.
	4 Buy some books.

| No. 27 | 1 Mary. | 2 Mary's father. |
| | 3 Mary's mother. | 4 Mary's brother. |

| No. 28 | 1 This morning. | 2 This afternoon. |
| | 3 Tomorrow morning. | 4 Tomorrow afternoon. |

| No. 29 | 1 At a hospital. | 2 At a restaurant. |
| | 3 At a gas station. | 4 At a supermarket. |

No. 30	1 To buy some flowers.
	2 To go jogging in the park.
	3 To make breakfast.
	4 To take some pictures.

2019-1

2019.6.2実施

試験時間

筆記：35分

リスニング：約30分

Grade 4

■筆 記■

1 次の(1)から(15)までの (   ) に入れるのに最も適切なものを 1, 2, 3, 4の中から一つ選び, その番号のマーク欄をぬりつぶしなさい。

(1) *A:* Frank, how many rooms are there in your (   )?
  B: Four. A bedroom, a living room, a kitchen, and a bathroom.
  1 school   **2** apartment
  3 stadium   **4** airport

(2) *A:* Hi, Cathy. Can I help you?
  B: Yes, Ms. Williams. I want to (   ) you some questions.
  1 draw   **2** ask   **3** begin   **4** drive

(3) *A:* Grandpa, when you were a young boy, what did you do in your (   ) time?
  B: I went fishing, Sally.
  1 much   **2** less   **3** free   **4** short

(4) My sister and I went hiking in the mountains yesterday. We walked for five hours, so we were very (   ).
  1 useful   **2** tired   **3** right   **4** long

(5) The park is very (   ) in spring. There are many cherry trees and lots of flowers.
  1 beautiful **2** ready   **3** short   **4** careful

(6) *A:* Grace, I was looking (　　　) you. Where were you?

B: I was in the kitchen.

1 for　　　**2** of　　　**3** by　　　**4** from

(7) Mr. Jones is a very (　　　) singer. There are always a lot of people at his concerts.

1 late　　　**2** famous　　**3** clean　　**4** ready

(8) *A:* What can I buy for Kevin's birthday?

B: I have an (　　　). You can take him to his favorite restaurant.

1 office　　**2** animal　　**3** eye　　　**4** idea

(9) *A:* Did you hear (　　　) Mr. Henderson?

B: Yes. He's in the hospital.

1 about　　**2** with　　　**3** around　　**4** over

(10) *A:* I don't want to be late, Jen. Please hurry.

B: (　　　) a minute, Dad.

1 Most　　**2** First　　**3** Less　　**4** Just

(11) *A:* This beach is very popular.

B: Yes. More (　　　) more people come here every year.

1 but　　　**2** or　　　**3** because　**4** and

(12) *A:* Well, Jim. Can we meet tomorrow?

B: Yes. Tomorrow is (　　　) with me.

1 heavy　　**2** dark　　　**3** fine　　**4** rainy

(13) The baby is sleeping in the next room, so please stop ( ) and be quiet.

1 talk   **2** talked   **3** talks   **4** talking

(14) *A:* What time does your grandfather ( ) to bed?

B: At ten every night.

1 go   **2** goes   **3** went   **4** going

(15) Luke and I ( ) on the basketball team at our school.

1 be   **2** are   **3** was   **4** is

次の(16)から(20)までの会話について，（　　　）に入れるのに最も適切なものを1, 2, 3, 4の中から一つ選び，その番号のマーク欄をぬりつぶしなさい。

(16) *Woman 1:* I went to the Italian restaurant by Lake Bryson last weekend.

Woman 2: (　　　)

Woman 1: It was wonderful. I loved the food.

1 How much was it?

2 Where did you go?

3 Who were you with?

4 How was it?

(17) *Girl:* David, can you go to a movie with me today?

Boy: No, (　　　) Maybe next time.

1 I want to go to a movie.

2 you can have one.

3 you can study there.

4 I have to do my homework.

(18)　　**Son:** Mom, I want to make curry. How many carrots do we have?

Mother: I'm not sure. (　　　)

1 Of course.

2 I'll look in the kitchen.

3 See you later.

4 That's all for today.

(19) *Student 1:* I met the new teacher this morning.
　　　Student 2: (　　　　　)
　　　Student 1: He's very kind. You'll like him.
　　1 What do you think of him?
　　2 What is his name?
　　3 What did you say to him?
　　4 What will we study today?

(20)　　*Son:* I cleaned my room, Mom.
　　Mother: Great job! (　　　　)
　　1 You didn't finish.
　　2 You can't buy that.
　　3 It looks really nice.
　　4 It's in a different room.

---

3 次の(21)から(25)までの日本文の意味を表すように①から⑤までを並べかえて □ の中に入れなさい。そして，2番目と4番目にくるものの最も適切な組合せを1, 2, 3, 4の中から一つ選び，その番号のマーク欄をぬりつぶしなさい。※ただし，（　　）の中では，文のはじめにくる語も小文字になっています。

(21) 私は母から料理を学びました。
　　（ ① to 　② my 　③ learned 　④ from 　⑤ cook ）
　　I ⎡　⎤⎡2番目⎤⎡　⎤⎡4番目⎤⎡　⎤ mother.
　　1 ① - ④ 　　　**2** ① - ② 　　　**3** ③ - ⑤ 　　　**4** ③ - ④

(22) エミリーは音楽部のメンバーですか。

(① of ② a member ③ the music club

④ Emily ⑤ is)

□ □[2番目] □ □[4番目] □?

1 ② - ①　　**2** ④ - ①　　**3** ① - ②　　**4** ③ - ②

(23) 教室で，あなたに話しかけていたのはだれですか。

(① speaking ② was ③ to ④ who ⑤ you)

□ □[2番目] □ □[4番目] □ in the classroom?

1 ② - ③　　**2** ② - ⑤　　**3** ④ - ①　　**4** ④ - ②

(24) クリスは夕方にどのくらい勉強しますか。

(① study ② how ③ does ④ Chris ⑤ long)

□ □[2番目] □ □[4番目] □ in the evening?

1 ⑤ - ④　　**2** ④ - ⑤　　**3** ③ - ①　　**4** ② - ④

(25) 宏の家は花屋の隣です。

(① next ② is ③ house ④ the flower shop

⑤ to)

Hiroshi's □ □[2番目] □ □[4番目] □.

1 ① - ③　　**2** ⑤ - ①　　**3** ② - ⑤　　**4** ④ - ①

Autumn Sale

Theo's Bakery will have an autumn sale
from September 23 to October 7.

All sandwiches will be 20% off.
One bag of cookies will be $4.
The first 30 people each day will get a free drink.

Store hours during the sale
will be from 8 a.m. to 6 p.m.

The store will be closed on October 1.

(26) When will the sale end?

    1 On September 20.

    2 On September 23.

    3 On October 1.

    4 On October 7.

(27) What will the first 30 people get each day during the sale?

    1 A free sandwich.

    2 A free bag of cookies.

    3 A free drink.

    4 A free piece of bread.

4[B]

From: Thomas Murphy
To: Hannah Murphy
Date: November 3
Subject: Dinner for you and Jack

Hi Hannah,
Mom and I have to work late tonight, so we won't
be home for dinner. Will you and your brother be
OK? You can order pizza for you and Jack, but get
a salad, too. There's some money in my desk. I'll
be home around nine o'clock.
Love,
Dad

From: Hannah Murphy
To: Thomas Murphy
Date: November 3
Subject: Thanks

Hi Dad,
Thanks for your e-mail. I got the money from your

desk. I'll order a salad and two pizzas. Jack and I will eat one, and you and Mom can have the other one when you get home. I want to get some ice cream, too. Is that OK? By the way, Grandma called. Please call her back tomorrow.

See you at nine,

Hannah

(28) Hannah and Jack will have pizza for dinner because

    1 it is Jack's birthday.

    2 their grandmother is going to visit.

    3 Hannah doesn't like to cook.

    4 their parents have to work late.

(29) Where did Hannah get money for dinner?

    1 From her mother's bag.

    2 From her father's desk.

    3 From her grandmother.

    4 From Jack.

(30) What does Hannah want to buy?

    1 Some ice cream.

    2 Some drinks.

    3 A new phone.

    4 A present for her grandmother.

次の英文の内容に関して，(31)から(35)までの質問に対する答えとして最も適切なもの，または文を完成させるのに最も適切なものを1, 2, 3, 4の中から一つ選び，その番号のマーク欄をぬりつぶしなさい。

Mindy's Picnic

Mindy is 14 years old, and she lives in New York City. One day in June, her father said, "Let's have a picnic." The next day, they made sandwiches early in the morning. Then, they drove out of the city.

They drove for two hours and found a river. There were a lot of trees and flowers near the river. There were some picnic tables, too, but there were no people. It was sunny when they got out of the car. But it was cold, so they were surprised. The view was very pretty, so they took a walk by the river before lunch. After 30 minutes, they were hungry, so they sat at one of the tables and ate.

After they finished eating, they wanted to relax. Mindy's father wanted to read a book, but it was too cold. So, they went home. They want to have a picnic by the river again on a warmer day.

(31) What did Mindy and her father do early in the morning?

1 They looked at flowers.

2 They made sandwiches.

3 They went swimming.

4 They drove to a bookstore.

(32) Near the river, there were

1 a lot of trees and flowers.

2 a lot of people.

3 some animals.

4 some shops.

(33) Why were Mindy and her father surprised?

1 The river wasn't clean.

2 The sandwiches weren't good.

3 It was raining.

4 It was cold.

(34) When did Mindy and her father go for a walk?

1 Early in the morning.

2 Before they ate lunch.

3 After they ate lunch.

4 After they read a book.

(35) What did Mindy and her father do after lunch?

1 They had dessert.

2 They swam in the river.

3 They went home.

4 They went shopping.

■リスニング■

4級リスニングテストについて

1 このテストには，第1部から第3部まであります。
☆英文は二度放送されます。
第1部：イラストを参考にしながら対話と応答を聞き，最も適切な応答を1, 2, 3の中から一つ選びなさい。
第2部：対話と質問を聞き，その答えとして最も適切なものを1, 2, 3, 4の中から一つ選びなさい。
第3部：英文と質問を聞き，その答えとして最も適切なものを1, 2, 3, 4の中から一つ選びなさい。

2 No. 30のあと，10秒すると試験終了の合図がありますので，筆記用具を置いてください。

第1部　　◀)) ▶MP3 ▶アプリ ▶CD3 **1** 〜 **11**

〔例題〕

No. 1

No. 2

No. 3

No. 4

No. 5

No. 6

No. 7

No. 8

No. 9

No. 10

🔊 ▶MP3 ▶アプリ ▶CD3 **12**〜**22**

| No. 11 | **1** Blue. | **2** Black. |
| | **3** Red. | **4** White. |

No. 12	**1** To the movies.
	2 To the park.
	3 To the boy's house.
	4 To the girl's house.

| No. 13 | **1** At 7:10. | **2** At 7:20. |
| | **3** At 7:30. | **4** At 7:40. |

No. 14	**1** Jack's sister.
	2 Jack's favorite subject.
	3 Jack's history test.
	4 Jack's school.

| No. 15 | **1** A salad. | **2** A dessert. |
| | **3** Some juice. | **4** Some sandwiches. |

No. 16	1 For three months.	2 For six months.
	3 For three years.	4 For six years.

No. 17	1 Eat Australian food.
	2 Watch a movie.
	3 Visit the zoo.
	4 Go to a science museum.

No. 18	1 Mrs. Williams.
	2 Jeff.
	3 Scott's baseball coach.
	4 Scott.

No. 19	1 Buying a present.
	2 Helping her mother.
	3 Going to a party.
	4 Walking in the park.

No. 20	1 Use his mother's camera.
	2 Draw a picture.
	3 Walk to school.
	4 Read a newspaper.

第3部 ◀») ▶MP3 ▶アプリ ▶CD3 **23**～**33**

No. 21	1 His trip.	2 His favorite toy.
	3 His job.	4 His father.

No. 22	1 The girl.	2 The girl's mother.
	3 The girl's sister.	4 The girl's brother.

| No. 23 | 1 Three. | 2 Four. |
| | 3 Five. | 4 Six. |

| No. 24 | 1 Sandwiches. | 2 Soup. |
| | 3 Rice. | 4 Chicken. |

No. 25

1 She calls her father.
2 She helps her father.
3 She writes to Yuka.
4 She visits Yuka's house.

No. 26

1 At ten o'clock.
2 At eleven o'clock.
3 At one o'clock.
4 At seven o'clock.

| No. 27 | 1 A dog. | 2 A cat. |
| | 3 A fish. | 4 A turtle. |

| No. 28 | 1 Chocolate pie. | 2 Cookies. |
| | 3 Ice cream. | 4 Chocolate cake. |

No. 29

1 He can't find his car keys.
2 He can't find his phone.
3 His car is broken.
4 His house is cold.

No. 30

1 He wants to play basketball.
2 He wants to practice the drums.
3 He has a lot of homework.
4 The park will be closed.

2018-3

2019.1.27実施

Grade 4

試験時間

筆記：35分

リスニング：約30分

筆記	P108〜119
リスニング	P120〜124

＊解答・解説は別冊P153〜182にあります。

1 次の(1)から(15)までの（　　　）に入れるのに最も適切なものを
1, 2, 3, 4の中から一つ選び，その番号のマーク欄をぬりつぶしなさい。

(1) *A:* What are your plans for the summer (　　　)?
B: I'll go to Hawaii.
1 country　**2** vacation　**3** culture　**4** weather

(2) We have two (　　　) this afternoon, English and math.
1 desks　　**2** classes　　**3** friends　　**4** apples

(3) My mother gets up (　　　) every morning and makes breakfast for us.
1 hard　　**2** early　　**3** same　　**4** long

(4) My favorite (　　　) is winter because I love snow.
1 year　　**2** place　　**3** hobby　　**4** season

(5) The (　　　) is very cloudy today. It will rain.
1 sky　　**2** star　　**3** life　　**4** library

(6) December is the (　　　) month of the year.
1 ninth　　**2** tenth　　**3** eleventh　**4** twelfth

(7) *A:* What did you do yesterday, Kevin?
B: My hair was too long, so I went to the (　　　).
1 gym　　　　　　**2** restaurant
3 post office　　　**4** barbershop

(8) *A:* Please (   ) off your shoes here.
    B: All right.
    1 take   **2** have   **3** like   **4** do

(9) Jane is very kind, so she soon became friends
    (   ) her new classmates.
    1 from   **2** with   **3** to   **4** by

(10) *A:* What do you (   ) of my new shoes, Mom?
    B: They're great, Alice.
    1 think   **2** stay   **3** ask   **4** finish

(11) *A:* We need eggs. Can you get some today?
    B: OK. I'll go to the store (   ) work.
    1 after   **2** under   **3** down   **4** against

(12) My grandmother likes to have a cup of tea (   )
    the afternoons.
    1 to   **2** of   **3** at   **4** in

(13) When Isabelle (   ) around Germany, she
    visited many museums.
    1 was traveling   **2** travel
    3 travels   **4** traveling

(14) *A:* (   ) cookie would you like?
    B: The chocolate cookie, please.
    1 Which   **2** When   **3** Who   **4** Where

(15) Sarah forgot to (   ) her lunch, so she is very
    hungry.
    1 bring   **2** brought   **3** bringing   **4** brings

(16) *Girl:* Your new cell phone is nice. (　　　)

Boy: Sure. Here you are.

1 Where did you get it?
2 How much was it?
3 Can I see it, please?
4 Can I help you?

(17) *Boy:* I studied a lot last night for the math test.

Girl: How long did you study?

Boy: (　　　)

1 It's three dollars.
2 I have two.
3 About five hours.
4 It starts at ten.

(18) *Girl:* Does Harold like sports?

Boy: Yeah, (　　　) He also likes running.

1 he's on the soccer team.
2 let's go to the gym.
3 I'll tell him about it.
4 I'm at the sports store.

(19) *Girl 1:* I like your socks. They're so cute.

Girl 2: Thanks. (　　　)

1 You have one, too.

2 I forgot them.

3 My mother said it.

4 They were a present.

(20)　*Sister:* I can't wait for Aunt Lynn's wedding!

　　　　　　　(　　　)

Brother: My new suit and a red tie.

1 Where is it going to be?

2 What are you going to wear?

3 What shall we buy her?

4 When did you see her?

3

(21) ビーチでは楽しく過ごせましたか。

（ ① time ② have ③ good ④ you ⑤ a ）

Did □ □ □ □ at the beach?
2番目　　　4番目

1 ⑤-④　　　**2** ③-①　　　**3** ②-③　　　**4** ②-①

(22) 今日は夕食に遅れますか，マーク。

（ ① you ② late ③ will ④ be ⑤ for ）

□ □ □ □ dinner today, Mark?
2番目　　　4番目

1 ①-②　　　**2** ②-③　　　**3** ③-⑤　　　**4** ④-⑤

(23) 図書館では静かにしなくてはいけません。

（ ① in ② must ③ you ④ quiet ⑤ be ）

□ □ □ □ the library.
2番目　　　4番目

1 ②-④　　　**2** ②-⑤　　　**3** ⑤-①　　　**4** ⑤-④

(24) 私の姉はバレーボール部のメンバーです。

（ ① of ② my sister ③ is ④ the volleyball
　 ⑤ a member ）

□ □ □ □ club.
2番目　　　4番目

1 ③-①　　　**2** ④-③　　　**3** ②-⑤　　　**4** ③-②

112

(25) 雪(ゆき)が降(ふ)っていたので，デールは友達(ともだち)とテニスをすることができませんでした。

（ ① tennis ② his friends ③ because ④ play
⑤ with ）

Dale couldn't ☐ ☐〔2番目〕 ☐ ☐〔4番目〕 ☐ it was
snowing.

1 ④ - ⑤ **2** ③ - ① **3** ③ - ② **4** ① - ②

4[A]

次の予定表の内容に関して，(26)と(27)の質問に対する答えとして最も適切なもの，または文を完成させるのに最も適切なものを1, 2, 3, 4の中から一つ選び，その番号のマーク欄をぬりつぶしなさい。

Children's Winter Camp
at Star Village
Schedule for the camp

Wednesday, December 5	Visit a farm and ride horses
Thursday, December 6	Make curry and rice
Friday, December 7	Go hiking in the mountains and learn about trees
Saturday, December 8	Learn about stars in winter
Sunday, December 9	Go fishing at Lake Ellen

(26) On the first day, the children will

    1 study about stars in winter.

    2 go hiking in the mountains.

    3 ride horses at a farm.

    4 go fishing at Lake Ellen.

(27) When will the children learn about trees?

    1 On Thursday.

    2 On Friday.

    3 On Saturday.

    4 On Sunday.

From: Paula Robinson
To: Kazu Kubota
Date: April 3
Subject: Saturday

Hi Kazu,

Are you free this Saturday? My family is going to go on a picnic in Washington, D.C. Can you come with us? There are many beautiful cherry blossom trees there, so we can walk around a park and see them. If we leave Baltimore at 8 a.m., we'll get to Washington, D.C., by 9 a.m. My parents will drive us. We'll be back around 6 p.m.
I hope you can come,
Paula

From: Kazu Kubota
To: Paula Robinson
Date: April 3
Subject: Great!

Hi Paula,
Thanks for inviting* me. I'd love to go! This will

be my first visit to Washington, D.C. I'll make some rice balls for the picnic. I'll ride my bike to your house on Saturday morning. I'll be there at 7:45.

See you then,

Kazu

*invite: 招待する

(28) What is Paula's family going to do on Saturday?

    1 Eat at a Japanese restaurant.

    2 Visit Kazu's house.

    3 Make rice balls.

    4 Go on a picnic.

(29) How will Paula's family go to Washington, D.C.?

    1 By bus.

    2 By bike.

    3 By car.

    4 On foot.

(30) What time will Kazu arrive at Paula's house?

    1 At 7:45 a.m.

    2 At 8:00 a.m.

    3 At 9:00 a.m.

    4 At 6:00 p.m.

Sam's Bedroom

Sam's older brother Andrew started college last month. Sam and Andrew shared* the same bedroom for a long time, but now it is only Sam's. He is excited to have his own bedroom.

Andrew took his bed and all his books to college. There is more space in Sam's room now, so his parents bought him a new desk. Sam likes the desk very much, but he doesn't like the color of the walls. They are purple. Last week, he asked his parents, "Can I change the color of the walls?" Sam's father said, "Sure. I'll help you."

The next day, they went to the paint store. "I like black," said Sam. "I want to buy black paint for my room." His father said, "No, let's choose a different color." Sam and his father looked at many different paint colors. Sam and his father bought some brown paint. They will paint his room next weekend.

*share: 共有する

(31) Why is Sam excited?

    1 He will go to a new school.

    2 He has his own bedroom now.

    3 His brother will give him some books.

    4 His new teacher is very nice.

(32) What did Sam's parents buy for Sam?

    1 A new desk.

    2 A new bed.

    3 Some new books.

    4 Some new curtains.

(33) Now, the walls of Sam's room are

    1 black.

    2 white.

    3 purple.

    4 brown.

(34) Who will help Sam when he paints his room?

    1 Andrew.

    2 Sam's friend.

    3 Sam's mother.

    4 Sam's father.

(35) When will Sam paint his room?

    1 Tomorrow.

    2 Next weekend.

    3 Next month.

    4 Next year.

■リスニング■

4級リスニングテストについて

1 このテストには，第1部から第3部まであります。
  ☆英文は二度放送されます。
  第1部：イラストを参考にしながら対話と応答を聞き，最も適切な応答を
    1, 2, 3の中から一つ選びなさい。
  第2部：対話と質問を聞き，その答えとして最も適切なものを1, 2, 3, 4の
    中から一つ選びなさい。
  第3部：英文と質問を聞き，その答えとして最も適切なものを1, 2, 3, 4の
    中から一つ選びなさい。

2 No. 30のあと，10秒すると試験終了の合図がありますので，筆記用具を
  置いてください。

▌▌▌第1部▌▌▌▌▌▌▌▌▌▌▌▌   ◀)) ▶MP3 ▶アプリ ▶CD 3 34～44

〔例題〕

No. 1

No. 2

120

No. 3

No. 4

No. 5

No. 6

No. 7

No. 8

No. 9

No. 10

No. 11
1 Sharon's.	2 Erica's.
3 Frank's.	4 The teacher's.

No. 12
1 One hour.	2 Two hours.
3 Three hours.	4 Four hours.

No. 13
1 To a hotel.
2 To the bus stop.
3 To a train station.
4 To the man's house.

No. 14
1 At five.	2 At six.
3 At eight.	4 At nine.

No. 15
1 Go home.
2 Get some sandwiches.
3 Have a meeting.
4 Make their lunch.

No. 16	1 His car.	2 His keys.
	3 His bag.	4 His umbrella.

No. 17	1 $20.	2 $25.	3 $30.	4 $35.

No. 18	1 On Saturday.	2 On Sunday.
	3 On Monday.	4 Today.

No. 19
1 She got a haircut.
2 She watched a good movie.
3 She won a contest.
4 She was on TV.

No. 20
1 A birthday party.
2 Today's weather.
3 Their favorite seasons.
4 Summer vacation.

▰▰▰ 第3部 ▰▰▰▰▰▰▰ ◀)) ▶MP3 ▶アプリ ▶CD3 **56**〜**66**

No. 21
1 Her brother did.
2 Her friends did.
3 Her parents did.
4 Her sister did.

No. 22
1 In 10 minutes.
2 In 15 minutes.
3 In 20 minutes.
4 In 25 minutes.

No. 23	1 Her mother's.	2 Her own.
	3 Her friend's.	4 Her sister's.

No. 24	1 Under a bed.
	2 Under a sofa.
	3 On a chair.
	4 On a table.

No. 25	1 She went fishing.
	2 She helped her father.
	3 She stayed home.
	4 She went to the mountains.

| No. 26 | 1 Games. | 2 Flowers. |
| | 3 Snacks. | 4 Drinks. |

No. 27	1 Her new house.
	2 Her trip to India.
	3 Her new classmate.
	4 Her school.

No. 28	1 Tickets to a baseball game.
	2 A baseball cap.
	3 Some popcorn.
	4 A glove.

No. 29	1 Look for her jacket.
	2 Bring an umbrella.
	3 Leave for school early.
	4 Watch the weather news.

| No. 30 | 1 20. | 2 30. | 3 40. | 4 50. |

【メ　モ】

英検４級に合格したら…
英検®３級に
チャレンジしよう！

３級は，「身近な英語を理解し，また使用できること」が求められます。
また，二次試験面接は，面接委員と対面式で実施されます。
レベルの目安は「中学卒業程度」です。

３級からここが変わる！

※試験内容は変更される可能性がありますので，受験の際は英検ホームページで最新情報をご確認ください。

筆記
長文問題は，問題文の長さが少し長くなるので，読むスピードを上げましょう。また，2017年度第１回検定より語句整序問題がなくなり，英作文問題が加わりました。

リスニング
第１部は放送回数が１回になるので，一度で正確に聞き取ることが求められます。第３部は英文が少し長くなるので，複数の情報を整理しながら聞くようにしましょう。

面接
イラストの付いた問題カードの英文を音読した後，英語で５つの質問がされます。

オススメの英検書はこちら！

学校でまだ習っていないことも
しっかり学べる

参考書

英検３級
総合対策教本

商品詳細はこちら

本体 1,400円＋税　CD付

2021年度版

文部科学省後援

英検®4級

過去6回全問題集

別冊解答

旺文社

2021 ^{年度}版

文部科学省後援

英検®4級
過去6回全問題集

別冊解答

旺文社

もくじ

Contents

2020-2

筆記解答・解説　P4〜15

リスニング解答・解説　P16〜32

解答一覧

筆記

1

(1)	4	(6)	3	(11)	4
(2)	4	(7)	3	(12)	1
(3)	1	(8)	1	(13)	4
(4)	4	(9)	3	(14)	3
(5)	2	(10)	3	(15)	2

2

(16)	2	(18)	4	(20)	3
(17)	2	(19)	1		

3

(21)	2	(23)	1	(25)	4
(22)	2	(24)	3		

4 A

(26)	3
(27)	2

4 B

(28)	4
(29)	1
(30)	2

4 C

(31)	2	(33)	1	(35)	3
(32)	4	(34)	2		

リスニング

第1部

No. 1	2	No. 5	1	No. 9	3
No. 2	1	No. 6	3	No.10	1
No. 3	3	No. 7	2		
No. 4	1	No. 8	2		

第2部

No.11	1	No.15	2	No.19	4
No.12	3	No.16	2	No.20	1
No.13	2	No.17	4		
No.14	1	No.18	1		

第3部

No.21	2	No.25	4	No.29	1
No.22	2	No.26	1	No.30	4
No.23	3	No.27	3		
No.24	3	No.28	3		

(1) 解答 ④

訳
A「コンピューターを使っているの，ジェフ？」
B「うん，でもすぐに終わるよ」
1　もっと多い　2　確信して　　3　家へ　　　　4　すぐに

解説
A はジェフに，computer「コンピューター」を使っているかどうかをたずねています。空所の前の finish「終わる，終える」とのつながりから，soon「すぐに」が正解です。

(2) 解答 ④

訳
「あれが名古屋でいちばん高い建物です。私の父はそこで働いています」
1　コンピューター　　　　　　2　世界
3　皿　　　　　　　　　　　　4　建物

解説
the tallest「いちばん高い」は tall「（背が）高い」の最上級で，空所に入る語を修飾しています。また 2 文目の works there「そこで働いている」という内容から，building「建物，ビル」が正解です。

(3) 解答 ①

訳
A「お母さん，学校用の新しいノートが必要なんだ。ぼくにお金をくれる？」
B「わかったわ」
1　与える　　　　2　乗る　　　　3　持っている　4　買う

解説
Can you 〜? は「〜してくれませんか」と依頼する表現で，A は母親に，a new notebook for school を買うお金をくれるように頼んでいます。正解の give は，〈give＋（人）＋（物）〉「（人）に（物）を与える［あげる］」の形で使われています。

(4) 解答 ④

訳
A「昨夜のコンサートはどうだった？」

B「本当に楽しかったわ。私はとても楽しんだわ」
1 貧しい　　**2** 乾いた　　**3** 悲しい　　**4** 楽しい

解説　How was ～? は「～はどうでしたか」という意味で，A は B に concert「コンサート」の感想をたずねています。I enjoyed it a lot. につながるのは，fun「楽しい，おもしろい」です。

(5)　解答 **2**

訳　A「よい週末を過ごした？」
B「ええ。祖父母を訪ねて行ったわ」
1 クレヨン　　**2** 祖父母　　**3** 休暇　　**4** 皿

解説　A は B に a nice weekend「よい週末」を過ごしたかどうかをたずねています。visit「～を訪ねる」の目的語が my（　　）「私の（　　）」なので，空所には grandparents「祖父母」が入ります。

(6)　解答 **3**

訳　A「あなたは何かペットを飼っているの？」
B「ううん。ぼくは動物があまり好きじゃないんだ」
1 科目　　**2** 電車　　**3** 動物　　**4** 人形

解説　B の No. は，pets「ペット」を飼っていないということです。その後に I don't like ～ と続いているので，animal「動物」の複数形 animals が正解です。not ～ very much は「あまり～ではない」という意味です。

(7)　解答 **3**

訳　A「東京はどうだった，ケリー？」
B「とても大きな都市よ。私は2度道に迷ったわ」
1 考え　　**2** 体　　**3** 都市　　**4** 語

解説　How did you like ～? は「～はどうでしたか」という意味で，A は B に Tokyo に行った感想をたずねています。B の It's は Tokyo is ということなので，city「都市」が正解です。got lost は「道に迷った」，twice は「2度」という意味です。

(8)　解答 **1**

訳　A「土曜日の日中は何をするの？」

B「普段は友だちと公園で遊ぶよ」

1 (during the day で)日中　　2 ～の間に

3 ～から　　　　　　　　　　4 ～に反して

解説 空所の後の the day とのつながりを考えて，during the day「日中，昼間」という表現にします。Saturday(s) は「土曜日」，usually は「普段」という意味です。

(9)　解答 ③

訳 「私の父は朝早くに朝食を食べます」

1 ～から　　　　　　　　　2 ～のそばに

3 (in the morning で)朝に　4 ～の

解説 空所の後の the morning に注目して，in the morning「朝に，午前に」という表現にします。early in the morning で「朝早くに」という意味になります。

(10)　解答 ③

訳 A「昨日の午後は何をしたの，ピート？」

B「兄[弟]とぼくは公園でキャッチボールをしたよ」

1 運転した

2 乗った

3 (played catch で) キャッチボールをした

4 始めた

解説 空所の後の catch とつながる動詞は play の過去形 played で，play catch で「キャッチボールをする」という意味です。ここでの catch は「キャッチボール」という名詞です。**1**，**2**，**4** はそれぞれ drive，ride，start の過去形です。

(11)　解答 ④

訳 「マリは電車で寝入ってしまったので，自分の駅で降りませんでした。彼女は学校に遅刻しました」

1 上方に　　　　　　　　　2 下に

3 中に　　　　　　　　　　4 (get off で) 降りる

解説 fell は fall の過去形で，fall asleep は「寝入る，眠り込む」という意味です。空所の前に get があることと，at her stop「彼女の

6

駅で」との内容的なつながりから，get off「（電車などから）降りる」という表現にします。

(12) 解答 **1**

訳　「グレンの友だちはみんな彼のパーティーで楽しい時間を過ごしました」

1 （had a good time で）楽しい時間を過ごした
2 風邪
3 百
4 人生

解説　空所の前にある had a good とのつながりを考えて，had a good time「楽しい時間を過ごした」という表現にします。had は have の過去形です。

(13) 解答 **4**

訳　「私が帰宅したとき，お母さんは電話で話していました」

解説　空所の前に，過去形の be 動詞 was があることに注目します。〈be 動詞＋動詞の〜ing 形〉で進行形を作ることができるので，ここでは was talking「話していた」という過去進行形になります。on the phone は「電話で」という意味です。

(14) 解答 **3**

訳　A「お父さん，こちらはスティーブだよ。ぼくたちは学校で仲よしなんだ」
B「こんにちは，スティーブ。君に会えてうれしいよ」

1 私は　　**2** 彼は　　**3** ぼくたちは　**4** あなたは

解説　A が父親に友だちのスティーブを紹介している場面です。good friends「仲よし」なのは A とスティーブなので，A の2文目の主語は We「私たちは」になります。

(15) 解答 **2**

訳　A「もしもし。パティーをお願いできますか」
B「すみませんが，彼女は今，電話に出ることができません」

解説　電話での会話です。自分がだれと話したいかを伝えるときの表現が

7

May I talk to ～? で，「～と話してもいいですか」，つまり「～をお願いできますか」ということです。can't come to the phone は「電話に出られない」という意味です。

筆　記 **2** | 問題編 P21〜22

(16) 解答 **2**

訳
男の子「ぼくは昨日，動物園へ行ったんだ」
女の子「それはよかったわね。どうやってそこへ行ったの？」
男の子「バスで」

1　どこにいたの？
2　どうやってそこへ行ったの？
3　だれがそこへ行ったの？
4　何をしたの？

解説
男の子が By bus.「バスで」と交通手段を答えているので，女の子の質問として適切なのは How「どのようにして」で始まっている **2** です。there は to the zoo「動物園へ」ということです。

(17) 解答 **2**

訳
息子「何をしているの，お母さん」
母親「お父さんの誕生日だから，ケーキを作っているの」

1　私は持っていないわ。
2　ケーキを作っているの。
3　家に帰りましょう。
4　それはあそこにあるわ。

解説
空所の前の so「だから」は，your father's birthday「お父さんの誕生日」だからということです。これに続く内容として適切なのは，cake「ケーキ」を作っていると言っている **2** です。

(18) 解答 **4**

訳
先生「テストを受ける準備はできているかい，メアリー？」
生徒「はい，ピーターソン先生。私は週末ずっとその勉強をしまし

た」

1 私たちはうまくやれませんでした。
2 私はそれを持ってくるのを忘れました。
3 私たちには新しいクラスメートがいます。
4 私は週末ずっとその勉強をしました。

解説 be ready to ～ は「～する準備ができている」という意味で，先生はメアリーにテストを受ける準備ができているかたずねています。メアリーの Yes という答えに続く内容は**4**で，studied は study「勉強する」の過去形，all weekend は「週末ずっと」という意味です。

(19) 解答 1

訳 男の子「すみません。そのボールはいくらですか」
店員「500円です。それが最後のボールです」
男の子「それにします」

1 それにします。　　　　　2 月曜日です。
3 あなたは遅刻です。　　　4 いい考えですね。

解説 It's the last one. の one は ball「ボール」のことです。Salesclerk「店員」から最後のボールだと言われた男の子の応答として適切なのは，**1** の I'll take it.「それにします，それを買います」です。

(20) 解答 3

訳 男の子「君の新しい犬の写真をぼくに見せてくれる？」
女の子「いいわよ，はいどうぞ。いっしょに写真を見ましょう」

1 私は電話をなくしたの。　　2 私はカメラを壊したの。
3 はいどうぞ。　　　　　　　4 それは私のものではないわ。

解説 〈show＋（人）＋（物）〉は「（人）に（物）を見せる」という意味で，男の子は女の子に the photos of your new dog を見せてほしいと頼んでいます。女の子は Sure「いいわよ」と応じているので，相手に物をわたすときの表現 here you are「はいどうぞ」が正解です。

(21) 解答 ②

正しい語順 (My father will help us with) our homework.

解説 主語になる My father「私のお父さん」から始めます。「手伝ってくれます」はこれからのことなので，My father の後は，未来を表す助動詞 will に help「〜を助ける」を続けます。〈help＋(人)＋with 〜〉「(人)の〜を手伝う」の形で使うことに注意します。

(22) 解答 ②

正しい語順 Satomi, (why do you want a) cell phone?

解説 理由をたずねる疑問詞 why「どうして，なぜ」から始めます。why の後は，疑問文を作るために〈do＋主語(you)＋動詞(want)〉の語順にします。文末の cell phone「携帯電話」の前に a が付くことに気をつけましょう。

(23) 解答 ①

正しい語順 Tom (began to study French last) year.

解説 主語 Tom の後に，「〜を始めました」の部分 began to 〜 を続けます。began は begin「〜を始める」の過去形です。to の後は，動詞 study とその目的語になる French「フランス語」をつなげます。last は文末の year と結びついて，last year で「昨年」という意味です。

(24) 解答 ③

正しい語順 Emma (left her house for work at) eight yesterday.

解説 主語 Emma の後に，動詞 leave の過去形 left をもってきます。leave 〜 for … で「〜を出て…へ向かう」という意味の表現になるので，left の後に her house，for の後に work「仕事(場)」を続けます。at は eight とつながって時刻を表します。

(25) 解答 **4**

正しい語順 | This (English book is a little difficult for) me.

解説 | 最初に，日本文の主語「この英語の本は」を This English book とします。主語の後には，動詞 is をもってきます。「少し〜」は a little 〜 で，「少し難しい」は a little difficult になります。最後に，for「〜にとって」を文末の me とつなげます。

筆記 **4A** 問題編 P24〜25

全訳

フレディーズくつ店の
クリスマスセール！

子どもぐつは 50% 割引になります。女性用のブーツはすべて 40 ドルになります！　毎日最初の 30 名にくつ袋を差し上げます。

日にち：12 月 13 日から 12 月 24 日まで
時間：午前 10 時 30 分から午後 7 時まで

最終日は午前 10 時から午後 7 時 30 分まで営業いたします。

(26) 解答 **3**

質問の訳 | 「毎日最初の 30 名は何をもらえますか」

選択肢の訳 |
1　1 足のくつ。　　　　　　2　1 足のブーツ。
3　くつ袋。　　　　　　　　4　クリスマスカード。

解説 | 掲示の 3 文目に，We will give a shoe bag to the first 30 people every day. と書かれています。この文では We「当店」が主語で，give 〜 to ...「…に〜をあげる」が使われていますが，質問では the first 30 people「最初の 30 名」が主語なので，動詞は get「〜をもらう」が使われています。

(27) 解答 **2**

質問の訳 | 「フレディーズくつ店は 12 月 13 日，何時に開店しますか」

1 午前 10 時に。 **2** 午前 10 時 30 分に。
3 午後 7 時に。 **4** 午後 7 時 30 分に。

解説 掲示の When の部分に December 13 to December 24 とあり，この期間の営業時間がその下の Time の部分に 10:30 a.m. to 7:00 p.m. と書かれています。**1** の 10:00 a.m. は，the last day「最終日」の December 24 の開店時間です。

筆記 **4B** 問題編 P26〜27

全 訳

差出人：ジャック・ミルズ
受取人：ナンシー・ミルズ
日付：5 月 13 日
件名：ぼくの宿題

こんにちは，おばあちゃん，

元気ですか？ ぼくは歴史の授業でレポートを書かなければなりません。おばあちゃんの助けが必要です。おばあちゃんの故郷とおばあちゃんの両親について質問をしたいと思っています。土曜日か日曜日におばあちゃんのところへ行ってもいいですか？

それでは，

ジャック

差出人：ナンシー・ミルズ
受取人：ジャック・ミルズ
日付：5 月 14 日
件名：土曜日

ジャックへ，

もちろん私のところへ来ていいわよ。あなたに伝える話がたくさんあるわ。土曜日の午前に私の家へ来てね。古い写真を何枚か見せるわ。その中には 50 年以上前の写真もあるわよ。私の両親と姉妹の写真も持っているわ。時間があれば，いっしょに昼食も食べましょう。

それでは，

おばあちゃん

(28) 解答 4

質問の訳　「ジャックは何をしたいのですか」

選択肢の訳
1　祖母を学校へ連れていく。
2　歴史の授業のレポートを読む。
3　昼食のお金を借りる。
4　祖母に質問をする。

解説　ジャックが書いた最初のEメールの4文目に，I want to ask you some questions about your hometown and your parents. と書かれています。ask は「（人）に〜をたずねる」，you はこのEメールの受取人であるジャックの祖母のことです。

(29) 解答 1

質問の訳　「ジャックはいつ祖母の家へ行きますか」

選択肢の訳
1　土曜日の午前に。　　　　2　土曜日の午後に。
3　日曜日の午前に。　　　　4　日曜日の午後に。

解説　ジャックの Can I visit you on Saturday or Sunday? という質問に，ジャックの祖母は2番目のEメールの3文目で Please come to my house on Saturday morning. と答えているので，1が正解です。

(30) 解答 2

質問の訳　「ジャックの祖母はジャックに何を見せますか」

選択肢の訳
1　新しいカメラ。　　　　2　何枚かの古い写真。
3　自分の両親の故郷。　　4　自分の姉妹のレポート。

解説　ジャックの祖母は2番目のEメールの4文目で，I'll show you some old photos. と書いて，その後の5文目と6文目で old photos を具体的に説明しています。〈show＋（人）＋（物）〉は「（人）に（物）を見せる」，photos は photo「写真」の複数形です。

筆記　4C　問題編 P28〜29

全訳　ケンの飛行機搭乗

ケンは飛行機が大好きです。将来，彼はパイロットになりたいと思っています。昨年の夏，彼は両親といっしょにハワイへ旅行に行きました。彼は初めて飛行機に乗ってわくわくしました。

ケンの父はケンとケンの母を空港まで車で連れて行きました。彼らはそこへ早く着いたので，最初に展望デッキへ行きました。ケンは1時間飛行機を見て，写真もたくさん撮りました。

その後，ケンとケンの両親は搭乗口へ歩いて行きました。飛行機に乗れるまで，彼らはそこで20分待たなくてはなりませんでした。飛行機のケンの座席が窓のとなりだったので，ケンはうれしくなりました。

ケンとケンの両親は7時間機内にいました。ハワイに着いたとき，ケンは母に「とてもわくわくしたよ！ 窓の外を見るのはとても楽しかった。帰りも窓のそばに座りたいな」と言いました。

(31) 解答 ②

質問の訳 「ケンは将来，何をしたいですか」

選択肢の訳
1 先生になる。
2 パイロットになる。
3 飛行機を作る。
4 父親に車を買う。

解説 in the future は「将来」という意味です。ケンが将来何をしたいかについては，第1段落の2文目に In the future, he wants to be a pilot. と書かれています。この文の be は，正解の **2** で使われている become「～になる」と同じ意味です。

(32) 解答 ④

質問の訳 「ケンとケンの両親は昨年の夏，どこへ行きましたか」

選択肢の訳
1 パイロットの学校へ。 2 飛行機博物館へ。
3 日本へ。 **4 ハワイへ。**

解説 質問にある last summer「昨年の夏」に注目し，第1段落の3文目 Last summer, he took a trip to Hawaii with his parents. から判断します。took は take の過去形で，take a trip to ～ で「～へ旅行に行く」という意味です。

(33) 解答 1

質問の訳　「ケンとケンの両親は空港で最初に何をしましたか」

選択肢の訳
1　彼らは展望デッキへ行った。
2　彼らは新しいカメラを買った。
3　彼らは搭乗口へ歩いて行った。
4　彼らはレストランで昼食を食べた。

解説　質問に first at the airport「空港で最初に」があることに注意します。空港に着いて最初に何をしたかは，第2段落の2文目に They got there early, so they went to the observation deck first. と書かれています。there「そこへ」は「空港へ」ということです。

(34) 解答 2

質問の訳　「ケンとケンの両親は搭乗口でどれくらいの時間待ちましたか」

選択肢の訳
1　10分間。　　2　20分間。　　3　1時間。　　4　7時間。

解説　第3段落の2文目 They had to wait there for 20 minutes before they could get on the plane. に正解が含まれています。there「そこで」は，その前の文にある their boarding gate を指しています。4の seven hours は，ケンたちが機内にいた時間です。

(35) 解答 3

質問の訳　「機内にいるとき，ケンは」

選択肢の訳
1　ハワイに関する本を読んだ。
2　海の写真を撮った。
3　窓から外を見て楽しんだ。
4　新しい食べ物を食べた。

解説　第4段落の2文目の When they arrived in Hawaii, Ken said to his mother 以降で，ハワイに到着してケンが母親に言ったことが書かれています。その中に I enjoyed looking out the window very much. とあるので，3が正解です。enjoy 〜ing は「〜することを楽しむ」，look out 〜 は「〜の外を見る」という意味です。

15

[例題] 解答 **3**

（放送文）
★：Hi, my name is Yuta.

☆：Hi, I'm Kate.

★：Do you live near here?

  1 I'll be there.　　　**2** That's it.

  3 Yes, I do.

（放送文の訳）
★：「やあ，ぼくの名前はユウタだよ」

☆：「こんにちは，私はケイトよ」

★：「君はこの近くに住んでいるの？」

  1 私はそこへ行くわ。　　　**2** それだけよ。

  3 ええ，そうよ。

No.1 解答 **2**

（放送文）
★：I can't find my pencil.

☆：Is it green?

★：Yes. Can you see it?

  1 Sure, you can use mine.

  2 Yes, it's under your desk.

  3 I finished at lunchtime.

（放送文の訳）
★：「ぼくの鉛筆が見つからないんだ」

☆：「それは緑色？」

★：「うん。見えるの？」

  1 もちろん，私のを使っていいわ。

  2 ええ，あなたの机の下にあるわ。

  3 私は昼休みに終わったわ。

（解説）
最初の I can't find my pencil. から，男の子が pencil「鉛筆」を探している場面だとわかります。Can you see it? はその鉛筆が見えているかどうかをたずねた質問なので，鉛筆がある場所を under your desk「あなたの机の下に」と答えている **2** が正解です。

No.2　解答 **1**

放送文
☆ : Am I late?

★ : Yes, but you can still go in.

☆ : When did the concert start?

   1　Five minutes ago.

   2　I found it.

   3　Ten dollars, please.

放送文の訳
☆ :「遅刻かしら？」

★ :「ええ，でもまだ中にお入りいただけます」

☆ :「コンサートはいつ始まりましたか」

   1　5分前です。

   2　私はそれを見つけました。

   3　10ドルお願いします。

解説
最後の質問はWhen「いつ」で始まっていて，concert「コンサート」がいつ始まったかをたずねています。これに対応した発話になっているのは**1**のFive minutes ago. で，minute(s) は「分」，〜 ago は「（今から）〜前に」という意味です。

No.3　解答 **3**

放送文
★ : Mom.

☆ : What is it, Dylan?

★ : Your favorite TV show will start soon.

   1　No, it's easy.

   2　Of course you can.

   3　OK, I'm coming.

放送文の訳
★ :「お母さん」

☆ :「何，ディラン？」

★ :「お母さんの大好きなテレビ番組がもうすぐ始まるよ」

   1　ううん，それは簡単よ。

   2　もちろんいいわよ。

   3　わかったわ，今行くわ。

解説
favorite は「大好きな，お気に入りの」，TV show は「テレビ番組」という意味です。大好きなテレビ番組がすぐに始まることを知

らされた母親の応答として適切なのは**3**で，I'm coming「今（そちらへ）行きます」は相手がいるところへ行くことを伝える表現です。

No. 4 解答 ①

放送文　☆：Just a minute, Dad.

★：We have to leave now.

☆：I want to brush my hair.

1　Hurry up.

2　You're welcome.

3　It's over there.

放送文の訳　☆：「ちょっと待って，お父さん」

★：「もう出かけなくてはいけないよ」

☆：「髪にブラシをかけたいの」

1　急いでね。

2　どういたしまして。

3　それはあそこにあるよ。

解説　Just a minute は「ちょっと待って」，brush *one's* hair は「髪にブラシをかける」という意味です。父親は We have to leave now.「もう出かけなくてはいけない」と言っているので，この状況に合う発話は，急ぐように伝えている **1** の Hurry up. です。

No. 5 解答 ①

放送文　☆：A table for one, please.

★：Where would you like to sit?

☆：By the window.

1　This way, please.

2　I'll go tomorrow.

3　Yes, we did.

放送文の訳　☆：「1人用のテーブルをお願いします」

★：「どこにお座りになりたいですか」

☆：「窓のそばで」

1　こちらへどうぞ。

2 私は明日行きます。

3 はい，私たちはしました。

解説 　女性がレストランに来た場面です。男性の Where would you like to sit? に対して，女性は自分が座りたい場所を By the window.「窓のそばで」と答えています。これを聞いた後の男性の発話として適切なのは **1** で，This way, please. は人を案内するときに使う表現です。

No.6 解答 ③

放送文 ★：Hi, Jane.

☆：Hi. What are you cooking?

★：Some curry for dinner.

　　1 Thanks for asking.

　　2 I like that restaurant.

　　3 It looks delicious.

放送文の訳 ★：「お帰り，ジェーン」

☆：「ただいま。何を作っているの？」

★：「夕食用のカレーだよ」

　　1 聞いてくれてありがとう。

　　2 私はあのレストランが好きよ。

　　3 おいしそうね。

解説 　Some curry for dinner. は男性が今作っているものです。夕食にカレーを作っていることがわかったジェーンの発話として適切なのは，looks delicious「おいしそう」と言っている **3** です。look ～（形容詞）は「～のように見える」という意味です。

No.7 解答 ②

放送文 ☆：Look, it's raining.

★：Oh no! I don't have my umbrella.

☆：Where is it?

　　1 It'll be sunny.

　　2 At school.

　　3 Eight o'clock.

放送文の訳 ☆：「見て，雨が降っているわ」

★：「困ったな！　ぼくのかさがないんだ」

☆：「どこにあるの？」

1　晴れるよ。

2　学校に。

3　8時。

解　説　最後の文が Where「どこに」で始まる疑問文であることに注意します。it は男の子の umbrella「かさ」のことです。自分のかさがどこにあるかを答えているのは，**2** の At school. です。

No.8　解答 **2**

放送文 ☆：I made some toast for breakfast.

★：Thanks, Mom.

☆：Do you want butter on it?

1　I had eggs.

2　Just a little.

3　There was some.

放送文の訳 ☆：「朝食にトーストを作ったわよ」

★：「ありがとう，お母さん」

☆：「バターをつける？」

1　ぼくは卵を食べたよ。

2　少しだけ。

3　いくらかあったよ。

解　説　Do you want butter on it? の butter は「バター」で，it は母親が作った toast「トースト」のことです。トーストにバターをつけるかどうかたずねた質問に対して Yes / No で始まる選択肢はありませんが，Just a little.「少しだけ（つける）」と答えている **2** が正解です。

No.9　解答 **3**

放送文 ★：Are you ready for your trip to Boston?

☆：Yes.　I'll leave tomorrow.

★：How long will you stay there?

1　By plane.

2　At the hotel.

3　For four days.

放送文の訳　★：「ボストンへの旅行の準備はできた？」

☆：「ええ。明日出発するわ」

★：「どれくらいの期間そこに滞在するの？」

1　飛行機で。

2　ホテルに。

3　4日間。

解説　How long ～? は「どれくらいの期間～」という意味で，男性は女性に stay there「そこ（＝ボストン）に滞在する」期間をたずねています。For ～「～の間」を使って滞在する日数を答えている **3** が正解です。

No.10 解答

放送文　★：Science class is really difficult.

☆：Yeah. I didn't understand today's lesson at all.

★：Shall we study together?

1　I'd love to.

2　It's not at my house.

3　It was an easy test.

放送文の訳　★：「理科の授業は本当に難しいよ」

☆：「そうね。今日の授業はまったくわからなかったわ」

★：「いっしょに勉強しようか」

1　ぜひそうしたいわ。

2　それは私の家にないわ。

3　それは簡単なテストだったわ。

解説　Shall we ～?「～しましょうか」は何かをいっしょにすることを提案するときの表現です。正解の **1** の I'd love to. は「ぜひそうしたい，喜んで」という意味で，ここでは study together「いっしょに勉強する」ことに賛成しています。

No. 11 解答 ①

放送文
☆：What did you do after school today?
★：I went to the lake, Mom.
☆：Did you see any ducks?
★：No, but I saw some fish.
　　Question: What did the boy do after school?

放送文の訳
☆：「今日の放課後は何をしたの？」
★：「湖へ行ったよ，お母さん」
☆：「アヒルを見た？」
★：「ううん，でも魚を見たよ」

質問の訳　「男の子は放課後に何をしましたか」

選択肢の訳
1　彼は湖へ行った。　　　　2　彼は釣りに行った。
3　彼は動物園を訪れた。　　4　彼は図書館で勉強した。

解説
母親の What did you do after school today? という質問に，男の子は I went to the lake, Mom. と答えています。男の子は最後に I saw some fish と言っていますが，釣りに行ったわけではないので **2** を選ばないように注意します。

No. 12 解答 ③

放送文
☆：Did you watch the weather report this morning?
★：Yes.　It'll rain this afternoon.
☆：How about tomorrow?
★：It'll be sunny.
　　Question: When will it be sunny?

放送文の訳
☆：「今朝，天気予報を見た？」
★：「うん。今日の午後に雨が降るよ」
☆：「明日はどう？」
★：「晴れるよ」

質問の訳　「いつ晴れますか」

選択肢の訳	**1** 今日の午前。	**2** 今日の午後。	
	3 明日。	**4** 今週末。	

解説 　weather report は「天気予報」という意味です。How about tomorrow?「明日はどう？」という質問に男性は It'll be sunny. と答えているので，晴れるのは明日です。It'll rain this afternoon. という情報と混同しないようにしましょう。

No.13 解答 ❷

放送文 　☆: May I use your ruler, John?
　★: Where's yours, Ann?
　☆: I forgot it. It's in my bedroom at home.
　★: OK, here you are.
　Question: Where is Ann's ruler?

放送文の訳 　☆:「あなたの定規を使ってもいい，ジョン？」
　★:「君のはどこにあるの，アン？」
　☆:「忘れちゃったの。家の私の寝室にあるわ」
　★:「わかった，はいどうぞ」

質問の訳 　「アンの定規はどこにありますか」

選択肢の訳	**1** 彼女の学校のかばんの中に。	**2** 彼女の寝室に。
	3 ジョンの家に。	**4** 学校に。

解説 　Where's yours, Ann? は，yours「君のもの」＝your ruler「君の定規」がどこにあるかをたずねた質問です。アンは I forgot it. の後に，It's in my bedroom at home. と言っています。forgot は forget「～を忘れる」の過去形，bedroom は「寝室」という意味です。

No.14 解答 ❶

放送文 　★: Hello.
　☆: Hi. I'd like two doughnuts and three muffins.
　★: OK. Anything else?
　☆: Yes, five cookies, please.
　Question: How many doughnuts does the woman want?

放送文の訳 　★:「いらっしゃいませ」

☆：「こんにちは。ドーナツを2個とマフィンを3個ください」

★：「かしこまりました。何かほかにはございますか」

☆：「はい，クッキーを5枚お願いします」

| 質問の訳 | 「女性は何個のドーナツが欲しいのですか」 |

| 選択肢の訳 | **1** 2個。 **2** 3個。 **3** 4個。 **4** 5個。 |

| 解　説 | 女性が買い物をしている場面で，I'd like ～ は「～をください」という意味で使われています。two doughnuts「ドーナツ2個」，three muffins「マフィン3個」，five cookies「クッキー5枚」の各情報を聞き分けることがポイントです。 |

No.15 解答 ②

| 放送文 | ★：It's a beautiful day. Let's go somewhere. |

☆：How about going shopping?

★：I want to go for a walk.

☆：OK. Let's walk around the lake.

Question: What does the man want to do?

| 放送文の訳 | ★：「いい天気だね。どこかへ行こうよ」 |

☆：「買い物に行くのはどう？」

★：「ぼくは散歩に行きたいな」

☆：「いいわよ。湖のまわりを歩きましょう」

| 質問の訳 | 「男性は何をしたいのですか」 |

| 選択肢の訳 | **1** 買い物に行く。 **2** 散歩に行く。 |
| | **3** 湖で泳ぐ。 **4** 家にいる。 |

| 解　説 | How about ～ing? は「～するのはどうですか」という意味で，女性は going shopping「買い物に行く」ことを提案しています。これに対して男性は I want to go for a walk. と答えています。go for a walk は「散歩に行く」という意味です。 |

No.16 解答 ②

| 放送文 | ★：Mom, I'm going to go to school early tomorrow. |

☆：Why?

★：I have a special band practice for the concert.

☆：I see.

Question: Why will the boy go to school early tomorrow?

放送文の訳 ★：「お母さん，明日は早く学校へ行くね」

☆：「どうして？」

★：「コンサートに向けてバンドの特別練習があるんだ」

☆：「わかったわ」

質問の訳 「男の子はなぜ明日早く学校へ行きますか」

選択肢の訳
1 コンサートのチケットを買うため。
2 コンサートに向けて練習をするため。
3 宿題をするため。
4 彼の音楽の先生と話すため。

解　説 母親の Why? は，男の子が明日早く学校へ行く理由をたずねた質問です。男の子の I have a special band practice for the concert. を短くまとめた **2** が正解です。band practice は「バンドの練習」ですが，**2** の practice は「練習する」という動詞です。

No.17 解答 **4**

放送文 ☆：Can you come to my birthday party, Jeff?

★：When is it, Kelly?

☆：On Saturday. Tim and Megan will be there.

★：OK! Sounds like fun.

Question: Whose birthday party is on Saturday?

放送文の訳 ☆：「私の誕生日パーティーに来られる，ジェフ？」

★：「それはいつなの，ケリー？」

☆：「土曜日よ。ティムとメーガンが来るわ」

★：「わかった！　楽しそうだね」

質問の訳 「だれの誕生日パーティーが土曜日にありますか」

選択肢の訳
1 ジェフの（誕生日パーティー）。
2 ティムの（誕生日パーティー）。
3 メーガンの（誕生日パーティー）。
4 ケリーの（誕生日パーティー）。

解　説 最初の Can you come to my birthday party, Jeff? がだれの発話であるかは，次の When is it, Kelly? からわかります。つまり，ケリーがジェフに，自分の誕生日パーティーに来ることができるか

25

どうかをたずねています。また，誕生日パーティーがいつかについて，ケリーは On Saturday. と言っています。

No.18 解答 ①

☆：What's this, Tony?

★：It's a photo of my soccer team.

☆：Really?

★：Yes. We won a lot of games last year.

Question: What are they talking about?

☆：「これは何，トニー？」

★：「ぼくのサッカーチームの写真だよ」

☆：「本当？」

★：「うん。ぼくたちは昨年，たくさんの試合に勝ったよ」

「彼らは何について話していますか」

　1　トニーのサッカーチーム。

　　2　トニーのカメラ。

　　3　トニーの誕生日プレゼント。

　　4　トニーのコンピューターゲーム。

　What's this, Tony? という質問に，トニーは It's a photo of my soccer team. と答えています。また，We won a lot of games last year. の We は，トニーのサッカーチームのことです。won は win「～に勝つ，勝利する」の過去形です。

No.19 解答 ④

★：Let's have Italian food for lunch.

☆：I had pizza yesterday. Do you like Chinese?

★：No, I don't. How about Japanese?

☆：Sounds good.

Question: What kind of food will they have for lunch?

★：「昼食にイタリア料理を食べよう」

☆：「私は昨日，ピザを食べたのよ。中華料理は好き？」

★：「いや，好きじゃないんだ。日本料理はどう？」

☆：「いいわね」

質問の訳 「彼らは昼食にどのような種類の食べ物を食べますか」

選択肢の訳 1 イタリア（料理）。 2 フランス（料理）。
3 中華（料理）。 4 日本（料理）。

解説 女性の I had pizza yesterday. Do you like Chinese? は，男性から昼食に Italian food「イタリア料理」を提案されたけれど，昨日ピザを食べたので，Chinese「中華（料理）」はどうかをたずねたものです。男性は No, I don't. の後に，How about Japanese? と再度提案しています。女性は Sounds good. と同意しているので，**4** が正解です。

No. 20 解答 ①

放送文 ☆：Let's go to a movie after school.
★：I have to study for the math test.
☆：Will you study at the library?
★：No, at home.
Question: What is the boy going to do after school?

放送文の訳 ☆：「放課後に映画を見に行きましょう」
★：「ぼくは数学のテスト勉強をしなくちゃいけないんだ」
☆：「図書館で勉強するの？」
★：「ううん，家で」

質問の訳 「男の子は放課後に何をする予定ですか」

選択肢の訳 1 数学のテスト勉強をする。 2 映画を見る。
3 図書館へ行く。 4 彼の先生と話す。

解説 女の子の Let's go to a movie after school. という誘いに，男の子は I have to study for the math test. と答えています。have to ～ は「～しなければならない」，math test は「数学のテスト」という意味です。

リスニング 第**3**部 | 問題編 P33〜34 ▶MP3 ▶アプリ ▶CD 1 23〜33

No. 21 解答 ②

放送文 My mom has long black hair. My older brother has

black hair, too, but his is short. My dad's hair is short and gray.

Question: Who has short black hair?

放送文の訳 「私の母は長い黒髪です。私の兄も黒髪ですが，短いです。私の父の髪は短くて白髪まじりです」

質問の訳 「だれが短い黒髪ですか」

選択肢の訳
1　女の子。　　　　　　　　　　2　女の子の兄。
3　女の子の母親。　　　　　　　4　女の子の父親。

解　説 家族3人の髪の特徴を説明していますが，My mom → long black hair，My older brother → black hair / short，My dad's hair → short and gray の情報を整理しながら聞く必要があります。質問ではだれが short black hair かをたずねているので，**2**が正解です。

No. 22 解答 ②

放送文 Tom likes reading. He goes to the library every Saturday to get new books. He doesn't go on Sundays because the library is closed.

Question: When does Tom go to the library?

放送文の訳 「トムは読書が好きです。彼は新しい本を手に入れるために，毎週土曜日に図書館へ行きます。日曜日は図書館が閉館しているので行きません」

質問の訳 「トムはいつ図書館へ行きますか」

選択肢の訳
1　毎週水曜日。　　　　　　　　2　毎週土曜日。
3　毎週日曜日。　　　　　　　　4　毎日。

解　説 2文目の He goes to the library every Saturday … から，**2**が正解です。He doesn't go on Sundays とあるので，**3**は不正解です。closed は「閉まって」という意味です。

No. 23 解答 ③

放送文 My favorite rock band had a concert yesterday. I bought my ticket last week, but I had a cold, so I couldn't go. I'll go next time.

Question: Why didn't the woman go to the rock concert yesterday?

放送文の訳　「私の大好きなロックバンドが昨日，コンサートをしました。私は先週チケットを買いましたが，風邪をひいていたので行くことができませんでした。次回に行きます」

質問の訳　「女性はなぜ昨日ロックコンサートへ行かなかったのですか」

選択肢の訳
1　彼女は時間がなかった。
2　彼女はチケットを買うことができなかった。
3　彼女は風邪をひいていた。
4　彼女は仕事をしなければならなかった。

解説　2文目後半の …, but I had a cold, so I couldn't go. に正解が含まれています。so は「だから～」という意味で，I couldn't go「（大好きなロックバンドのコンサートに）行けなかった」理由が I had a cold「風邪をひいていた」ということです。

No.24 解答 ③

放送文　Henry likes eating fruit at lunchtime. Oranges are his favorite fruit. He ate cherries yesterday, and he had grapes today.

Question: What fruit does Henry like the best?

放送文の訳　「ヘンリーは昼食のときにくだものを食べるのが好きです。オレンジが彼の大好きなくだものです。彼は昨日サクランボを食べて，今日はブドウを食べました」

質問の訳　「ヘンリーはどのくだものがいちばん好きですか」

選択肢の訳
1　ブドウ。　　　　　　2　サクランボ。
3　オレンジ。　　　　　4　バナナ。

解説　Oranges are his favorite fruit. から正解を判断します。favorite は「大好きな」という意味です。He ate cherries yesterday, and he had grapes today. とヘンリーが昨日と今日食べたくだものが説明されていますが，質問ではいちばん好きなくだものは何かをたずねています。

29

No. 25 解答 ④

放送文 Attention, students. Please finish reading your textbooks this weekend. There is no school on Monday, and we will have a test on Tuesday.

Question: What do the students have to do this weekend?

放送文の訳 「生徒のみなさん。今週末に教科書を読み終えてください。月曜日は学校がなくて，火曜日にテストがあります」

質問の訳 「生徒たちは今週末に何をしなければなりませんか」

選択肢の訳
1 学校へ行く。　　　　　　2 テストを受ける。
3 図書館で勉強する。　　　4 教科書を読む。

解説　Attention, students. で始まる生徒への指示です。this weekend「今週末」にすることについては，Please finish reading your textbooks this weekend. と言っています。finish ～ing は「～し終える」，textbook(s) は「教科書」という意味です。

No. 26 解答 ①

放送文　Donna works three days a week in a hotel. Twice a week, she cleans the rooms, and once a week she works in the hotel restaurant.

Question: How often does Donna work in the hotel restaurant?

放送文の訳 「ドナはホテルで週に3日働いています。週に2回，彼女は部屋を掃除して，週に1回，ホテルのレストランで働いています」

質問の訳 「ドナはどれくらいの頻度でホテルのレストランで働いていますか」

選択肢の訳
1 週に1回。　　　　　　2 週に2回。
3 週に3回。　　　　　　4 週に4回。

解説　three days a week「週に3日」はホテルで働く日数，Twice a week「週に2回」は cleans the rooms「（ホテルの）部屋を掃除する」頻度，once a week「週に1回」は works in the hotel restaurant「ホテルのレストランで働く」頻度です。

No. 27 解答 ③

放送文　I couldn't find my passport last week. I looked in my

30

desk and suitcase, but it wasn't there. I found it in my closet this morning.

Question: Where was the woman's passport?

放送文の訳 「私は先週,自分のパスポートが見つけられませんでした。自分の机やスーツケースの中を見ましたが,そこにはありませんでした。今朝,クローゼットの中にあるのを見つけました」

質問の訳 「女性のパスポートはどこにありましたか」

選択肢の訳
1 彼女の車の中に。
2 彼女のスーツケースの中に。
3 彼女のクローゼットの中に。
4 彼女の机の中に。

解 説 I looked in my desk and suitcase とありますが,その後の but it wasn't there から **2** と **4** は不正解です。最後の I found it in my closet this morning. から判断します。closet は「クローゼット」という意味です。

No.28 解答 ③

放送文 My sister Emily loves trains. She likes to go to the station to watch them. When I have time, I go there with her.

Question: What does Emily like to do?

放送文の訳 「ぼくの姉[妹]のエミリーは電車が大好きです。彼女は電車を見るために駅へ行くことが好きです。ぼくは時間があるとき,彼女といっしょにそこへ行きます」

質問の訳 「エミリーは何をすることが好きですか」

選択肢の訳
1 おもちゃの電車を作る。　　2 男の子と遊ぶ。
3 電車を見る。　　4 映画を見に行く。

解 説 エミリーが何をすることが好きかについては,2文目の She likes to go to the station to watch them. で説明されています。them は,1文目にある trains「電車,列車」を指しています。

No.29 解答 ①

放送文 Mark is in the science club at school, but he doesn't like it. Next year, he wants to join the tennis club or the swimming club.

Question: What club is Mark in now?

放送文の訳 「マークは学校で理科クラブに入っていますが，彼はそれが好きではありません。来年，彼はテニスクラブか水泳クラブに入りたいと思っています」

質問の訳 「マークは現在，どのクラブに入っていますか」

選択肢の訳 1 理科クラブ。 2 テニスクラブ。
3 水泳クラブ。 4 英語クラブ。

解説 1文目の Mark is in the science club at school から，マークが現在入っているのは the science club「理科クラブ」だとわかります。the tennis club や the swimming club は来年入ろうと考えているクラブなので，2や3を選ばないように注意します。

No.30 解答 ④

放送文 Sam usually eats curry or soup for lunch, but today he went to a new restaurant. He got a hamburger. It was delicious.

Question: What did Sam have for lunch today?

放送文の訳 「サムは普段昼食にカレーを食べるかスープを飲みますが，今日は新しいレストランへ行きました。彼はハンバーガーを食べました。それはおいしかったです」

質問の訳 「サムは今日の昼食に何を食べましたか」

選択肢の訳 1 カレー。 2 スープ。
3 ピザ。 4 ハンバーガー。

解説 Sam usually eats ～, but today … 「サムは普段～を食べますが，今日は…」の流れに注意します。curry or soup「カレーやスープ」は普段の昼食ですが，今日食べたものについては2文目に He got a hamburger. とあります。

2020-1

解答一覧

筆記

1

(1)	2	(6)	2	(11)	2
(2)	2	(7)	4	(12)	4
(3)	1	(8)	2	(13)	1
(4)	1	(9)	4	(14)	1
(5)	3	(10)	1	(15)	4

2

(16)	3	(18)	2	(20)	1
(17)	2	(19)	4		

3

(21)	2	(23)	1	(25)	2
(22)	1	(24)	2		

4 A

(26)	1
(27)	4

4 B

(28)	4
(29)	1
(30)	3

4 C

(31)	4	(33)	3	(35)	2
(32)	1	(34)	4		

リスニング

第1部

No. 1	3	No. 5	2	No. 9	1
No. 2	3	No. 6	3	No.10	1
No. 3	1	No. 7	2		
No. 4	1	No. 8	3		

第2部

No.11	3	No.15	1	No.19	2
No.12	3	No.16	3	No.20	2
No.13	4	No.17	1		
No.14	2	No.18	4		

第3部

No.21	2	No.25	1	No.29	3
No.22	4	No.26	1	No.30	4
No.23	4	No.27	2		
No.24	4	No.28	3		

(1) 解答 **2**

訳 「サッカーはぼくの学校でとても人気があります。多くの生徒がそれをします」

1 寒い 　　2 人気がある 　　3 小さい 　　4 小さい

解 説 2文目の Many students play it. の it は，1文目の主語 Soccer「サッカー」を指しています。多くの生徒がサッカーをするという内容から，popular「人気がある」が正解です。

(2) 解答 **2**

訳 A「明日ピクニックに行こうよ，お父さん」
B「いいよ。晴れたら行こうね」

1 雪の 　　2 晴れた 　　3 雨の 　　4 嵐の

解 説 go on a picnic「ピクニックに行く」が話題なので，最後の文の go if it's (　　)「もし〜なら行く」の空所に入るのは sunny「晴れた」です。it's は it is の短縮形で，it は天気を表す文の主語です。

(3) 解答 **1**

訳 A「空港への道がわからないわ」
B「心配しないで。ここに地図を持っている」

1 心配する 　　2 夢を見る 　　3 決める 　　4 説明する

解 説 the way to the airport「空港への道，行き方」がわからないと言う A に，B は Don't 〜「〜しないで」と答えています。B は map「地図」を持っていると言っているので，worry「心配する」を入れて Don't worry.「心配しないで」とします。

(4) 解答 **1**

訳 A「あなたのお名前を教えてもらえますか」
B「すみません。私は英語をうまく話すことができません。もっとゆっくり話してもらえますか」

1 ゆっくり 　　2 早く 　　3 幸運にも 　　4 悲しんで

解説 Can you ～?「～してもらえますか」は相手に依頼する表現です。BのI can't speak English well.「私は英語をうまく話せない」に続く発話なので, speak more slowly「もっとゆっくり話す」ことを依頼する流れになります。

(5)　解答 ❸

訳「今朝, ボブは寝坊してバス停まで走って行きました」

1 立った　　**2** 言った　　**3** 走った　　**4** 成長した

解説 got up late は「遅くに起きた」, つまり「寝坊した」ということです。この内容から, run「走る」の過去形 ran を入れて, the bus stop「バス停」まで走ったという文にします。

(6)　解答 ❷

訳「ジョーは今日の放課後にサッカーの練習がありました。とても疲れていたので, 早く寝ました」

1 役に立つ　　**2** 疲れて　　**3** 正しい　　**4** 長い

解説 ～, so … は「～, だから…」という意味で, He was very (　　) が he went to bed early の理由になっています。この流れに合うのは tired「疲れて」で, soccer practice「サッカーの練習」があったので疲れていたということです。

(7)　解答 ❹

訳 A「うわー！　雨が降ってる」

B「だいじょうぶ。コンピューターゲームをしよう」

1 食事　　**2** 点　　**3** 夢　　　**4** ゲーム

解説 Let's ～ は「～しましょう」という意味です。play「～をする」の目的語が a computer (　　) であることと, computer「コンピューター」とのつながりから, game「ゲーム」が正解です。

(8)　解答 ❷

訳 A「あなたのお兄さん[弟]は私たちといっしょに映画に行けるの？」

B「ううん。兄[弟]は勉強しないといけないんだ」

1 取る

2 (has to ～ で) ～しなければならない

3 作る

4 聞こえる

No. の後の He (　) to study. は，B の兄［弟］が go to the movie「映画に行く」ことができない理由です。空所の後の to に注目して，has to ～「～しなければならない」という表現にします。

(9)　解答 **4**

「リサと彼女のペンフレンドであるユミは，毎月お互いに手紙を書きます」

1 いくらか

2 両方

3 自分自身の

4 （each other で）お互い

write letters to ～ は「～に手紙を書く」という意味です。空所の前に each があるので，each other「お互い」（ここではリサとユミのこと）という表現にします。

(10)　解答 **1**

A「このトマトを食べたくないよ，お母さん」

B「食べなさい。トマトは体にいいの」

1 （are good for ～ で）～（の健康・体）にいい

2 ～の

3 上に

4 ～の前に

They're は They are の短縮形で，They は tomatoes「トマト」を指しています。be good for ～（人）で「（人の健康・体）にいい」という意味になり，トマトは体にいいので Eat them.「それら（トマト）を食べなさい」と母親が言っています。

(11)　解答 **2**

A「ティナはメアリーによく似ているね。2人は姉妹なの？」

B「そう，でもメアリーは2歳年上よ」

1 持ってくる

2 （looks like ～ で）～に似ている

3 会う

4 置く

解説　空所の後に like があることと，Are they sisters? とたずねていることから判断します。look like ～ は「～に似ている」という意味で，1文目の主語が3人称単数の Tina なので，looks になります。

(12) 解答 ④

訳
A「お母さん，今夜 DVD を見られる？」
B「ええ。私はだいじょうぶよ」
1　きれいな
2　健康な
3　柔らかい
4　(is fine with ～ で) ～にとって問題ない

解説　That's の That は，watch a DVD tonight「今夜 DVD を見る」ことを指しています。be fine with ～（人）で「（人）にとって問題ない，（人）はそれでいい」という意味の表現になります。

(13) 解答 ①

訳
A「学校であなたがいちばん好きな科目は何？」
B「数学。ぼくにとっていちばんおもしろい科目なんだ」

解説　A は B に，favorite subject「いちばん好きな科目」が何かをたずねています。その答えなので，interesting「おもしろい，興味深い」の最上級を使って the most interesting ～「いちばんおもしろい～」とします。

(14) 解答 ①

訳
A「ビルの誕生日は来週ね。あなたは彼に何を買うの？」
B「新しいテニスラケットだよ。彼はそれが必要なんだ」

解説　Bill's birthday「ビルの誕生日」は next week「来週」で，A は B にビルの誕生日に何を買うかたずねています。プレゼントを買うのはこれからのことなので，未来を表す助動詞 will を使います。

(15) 解答 ④

訳「今日の午後，ぼくは友だちといっしょにサッカーをする予定です」

解説　空所の前に I'm going があることに注目します。〈be going to +

37

動詞の原形〉は「〜する予定[つもり]です」という意味で，これからのことについて説明する表現です。

| 筆 記 | **2** | 問題編 P38〜39 |

(16) 解答 **3**

訳 息子「お母さん，クッキーはある？」
母親「ごめん，**まったくないわ。**でも，クラッカーはあるわよ」

1 はい，どうぞ。　　　　　　　2 少しあるわ。
3 まったくないわ。　　　　　4 あなたはそう思わない。

解説 息子の cookies「クッキー」があるかどうかをたずねた質問に，母親は Sorry と言っています。これにつながるのは, not 〜 any「まったく〜ない」を使ってクッキーがないことを伝えている **3** です。

(17) 解答 **2**

訳 女性「すみません。バス停はどこにありますか」
男性「**角を曲がったところです**」

1 10 時に来ます。　　　　　　**2 角を曲がったところです。**
3 その通りです。　　　　　　4 自転車で。

解説 女性は bus stop「バス停」がどこにあるかをたずねているので，場所を答えている **2** が正解です。corner は「角」で, Just around the corner. で「角を曲がったところです」という意味になります。

(18) 解答 **2**

訳 娘「今日は放課後にサッカーの練習があるの」
母親「わかったわ。**いつ家に帰ってくるの？**」
娘「7 時頃よ」

1 だれに会うの？　　　　　　**2 いつ家に帰ってくるの？**
3 スポーツは好きなの？　　　4 サッカーはできるの？

解説 Daughter「娘」の soccer practice「サッカーの練習」が話題になっています。娘は最後に About seven.「7 時頃」と言っている

ので，その前の母親の質問として適切なのは，When「いつ」で始めて娘の帰宅時間をたずねている **2** です。

(19) 解答 **4**

訳　男の子「この宿題は難しいよ」
女の子「私はもう自分の宿題が終わったから，あなたを手伝うわ」
1　私はそれを買うわ。　　　2　私はお腹がいっぱいよ。
3　私は今，忙しいわ。　　　4　私はあなたを手伝うわ。

解説　ここでの mine は my homework「自分の宿題」ということです。I finished mine already「もう自分の宿題が終わった」→ so ～「だから～」の流れに合うのは，手伝うことを申し出ている **4** の I'll help you. です。

(20) 解答 **1**

訳　女の子「あのポスターを見て。あれは何語なの？」
男の子「ぼくはわからないよ。ブラウンさんにたずねてみよう。ブラウンさんはたくさんの言語を知っているよ」
1　ぼくはわからないよ。　　　2　それは壁にかかっているよ。
3　ぼくは時間がないよ。　　　4　それは用意ができているよ。

解説　女の子は poster「ポスター」に書かれている language「言語」が何語であるかをたずねています。男の子は Let's ask ～「～にたずねてみよう」と言っているので，男の子もわからないことになります。have no idea は「わからない，知らない」という意味です。

筆記 **3** 問題編 P40～41

---

(21) 解答 **2**

正しい語順　Joseph, please (don't stand in front of) the TV.

解説　「～しないでください」は，〈don't＋動詞の原形〉で表します。ここでの動詞は，「立つ」を意味する stand です。「～の前に」は in front of ～ という熟語表現なので，このまま覚えておきましょう。in front of が，文末の the TV「テレビ」とつながります。

(22) 解答 ①

正しい語順　Jason (is not good at math).

解　説　主語 Jason の後には動詞がきますが,「~ではありません」という
否定文なので is not ~ とします。「~が得意である」は be good
at ~ という表現なので, ここでは is not good at となります。
at の後に,「数学」を意味する math をつなげます。

(23) 解答 ①

正しい語順　I (use this cup when I drink) tea.

解　説　日本文を「私はこのカップを使います」+「(私が) 紅茶を飲む時は」
の 2 つに分けて考えます。前半は, 主語 I の後に動詞の use「~
を使う」, 次に use の目的語となる this cup「このカップ」を続
けます。後半は,「~する時」を意味する when から始め, I
drink「私は飲む」を文末の tea「紅茶」とつなげます。

(24) 解答 ②

正しい語順　I (looked at this photo again and) again.

解　説　「~を見る」は look at ~ で, ここでは過去形の looked を使って
looked at ~ とします。この後に,「この写真」を意味する this
photo を続けます。選択肢と文末の両方に again があることに注
目し,「何度も」を again and again という熟語表現にします。

(25) 解答 ②

正しい語順　(What kind of clothes do) you want for your birthday?

解　説　「どんな~」を「どのような種類の~」と考えて, What kind of
~ で始めます。ここでは, kind を「種類」という意味の名詞で
使っています。この後に,「服」を意味する clothes を続けます。
最後に, 疑問文を作る do をもってきて, you want とつなげます。

筆　記	**4A**	問題編 P42~43

全　訳　　　　　　　　　　　　リーズレストラン

当店で最高のお食事をお召し上がりください！

ウイークデーのおすすめ

野菜付きの魚のフライ … 10 ドル

チキンライス 　　　… 12 ドル

ウイークデーのおすすめをご注文の方は，飲み物は各 2 ドルです。

本日のおすすめ

ローストビーフサンドイッチとスープ（オニオンまたはコーン）

… 14 ドル

グリーンサラダとフレッシュジュース 　　　… 6 ドル

当店は月曜日から土曜日の
午前 10 時から午後 9 時まで営業しております。

(26) 解答 **1**

質問の訳　「ウイークデーのおすすめを注文すると，飲み物はいくらですか」

選択肢の訳　**1** 2 ドル。　**2** 6 ドル。　**3** 10 ドル。　**4** 14 ドル。

解 説　How much is ～? は「～はいくらですか」，order は「～を注文する」という意味です。weekday special「ウイークデーのおすすめ（平日の特価品）」を注文した場合の飲み物の価格については，Drinks are $2 each if you order a weekday special. と書かれています。

(27) 解答 **4**

質問の訳　「リーズレストランが閉まっているのは」

選択肢の訳　**1** 毎週月曜日。　　　　　　　**2** 毎週火曜日。
3 毎週土曜日。　　　　　　　**4** 毎週日曜日。

解 説　closed は「閉まって，閉店して」という意味です。掲示の最後の We're open from Monday to Saturday … は，open「開いて」があるので営業している曜日です。from Monday to Saturday「月曜日から土曜日まで」営業するので，閉まっているのは日曜日です。

全　訳

差出人：ジェニー・ロバーツ
受取人：カレン・ミラー
日付：2月24日
件名：理科のテスト

こんにちは，カレン，
元気？　私は具合が悪かったので，3日間学校へ行けなかったの。でも，明日はまた行くわ。金曜日に理科のテストがあるわね。教科書はもう読んだわ。あなたの理科のノートを借りてもいい？
またね，
ジェニー

差出人：カレン・ミラー
受取人：ジェニー・ロバーツ
日付：2月24日
件名：いいわよ

こんにちは，ジェニー，
心配していたの。あなたがもうよくなっていることを願っているわ！　フランクリン先生は授業で動物についてたくさん話したわ。私のノートを借りていいけど，もっといい考えがあるわ。明日か木曜日の放課後にいっしょに勉強しましょう。私の家で勉強できるわよ。私の母が今日クッキーを作ったから，おやつに少し食べられるわ。放課後にカフェテリアで会って，いっしょに行こうね。
それじゃ，
カレン

(28) 解答 **4**

質問の訳　「ジェニーとカレンはいつ理科のテストがありますか」

選択肢の訳　**1** 今日。　　**2** 明日。　　**3** 木曜日に。　**4** 金曜日に。

解　説　science test「理科のテスト」がいつであるかについては，最初のEメールの4文目に We have a science test on Friday. と書か

れています。We「私たち」は，このEメールを書いたジェニー
と受取人のカレンのことです。

(29) 解答 **1**

質問の訳 「ジェニーは何をしたいのですか」

選択肢の訳
1 カレンのノートを借りる。　　2 クッキーの作り方を習う。
3 教科書を買う。　　　　　　4 フランクリン先生と話す。

解 説 質問の主語が Jenny なので，ジェニーが書いた最初のEメールを
見ます。その6文目に，Can I borrow your science notebook?
とあります。Can I ～? は「～してもいいですか」という意味で，
相手の許可を得る表現です。

(30) 解答 **3**

質問の訳 「カレンはどこでテストのために勉強をしたいのですか」

選択肢の訳
1 カフェテリアで。　　　　　2 理科室で。
3 彼女の家で。　　　　　　　4 ジェニーの家で。

解 説 カレンは2番目のEメールの5文目で，Let's study together …
といっしょに勉強することを提案し，次の6文目で We can
study at my house. と書いています。1の cafeteria は，自分の
家へ行く前にジェニーと会う場所なので不正解です。

筆 記　**4C**　問題編 P46〜47

全 訳

タイラーの新しい趣味

タイラーの家族は大きなテレビを持っていました。タイラーは毎
日放課後に，何時間もテレビを見ることが好きでした。彼の母親は
よく，「部屋に行って宿題をしなさい」と言いました。タイラーは
宿題をするのが好きではなかったので，彼の母親はよく怒りまし
た。
　昨年の9月，テレビが壊れました。タイラーはとても悲しくな
りました。彼は両親に，「新しいテレビが欲しい」と言いました。

タイラーの父親は,「クリスマスに新しいものを買えるかもね」と言いました。

その後,タイラーはテレビを見ることができませんでした。だから,彼は普段学校から帰ってくると宿題をしました。時々,図書館から借りた本を読みました。天気がいいときには,タイラーは友だちといっしょに公園でサッカーをしました。夕食後に,彼はラジオを聞いて,両親と話をしました。

クリスマスの朝,タイラーと両親はいくつかのプレゼントを開けました。プレゼントの1つは新しいテレビでした。またテレビを見ることができるのでタイラーはうれしくなりましたが,彼は新しい趣味も楽しんでいます。

(31) 解答 ④

質問の訳 「毎日放課後に,タイラーが好きだったことは」

選択肢の訳
1 友だちといっしょにスポーツをする。
2 図書館で勉強する。
3 母親の夕食の手伝いをする。
4 **何時間もテレビを見る。**

解説 Every day after school「毎日放課後に」に注目します。同じ表現が含まれている第1段落の2文目に,Tyler liked to watch TV for many hours every day after school. と書かれています。for many hours は「何時間も」という意味です。

(32) 解答 ①

質問の訳 「タイラーの母親はなぜよく怒りましたか」

選択肢の訳
1 **タイラーは宿題をすることが好きではなかった。**
2 タイラーはいつも図書館の本をなくした。
3 母親は自分の大好きなテレビ番組を見ることができなかった。
4 母親は毎日夕食を作りたくはなかった。

解説 angry は「怒って」という意味です。第1段落の最後の文 Tyler didn't like to do his homework, so his mother was often angry. から,**1** が正解です。この文は,〜(理由),so …(結果)の形になっています。

(33) 解答 ③

質問の訳　「昨年の9月に何が起きましたか」

選択肢の訳
1　タイラーがサッカーシューズをなくした。
2　タイラーが友だちにプレゼントを買った。
3　タイラーの家族のテレビが壊れた。
4　図書館が閉館した。

解　説　last September「昨年の9月」に起きたことについて，第2段落の1文目に Last September, the TV broke. と書かれています。broke は break「壊れる」の過去形です。the TV は，第1段落1文目の Tyler's family had a big TV. で説明されているタイラーの家族のテレビのことです。

(34) 解答 ④

質問の訳　「タイラーはいつラジオを聞きましたか」

選択肢の訳　1　朝食前に。　2　昼食中に。　3　夕食中に。　4　夕食後に。

解　説　listen to ～ は「～を聞く」，radio は「ラジオ」という意味です。第3段落の最後の文 After dinner, he listened to the radio … から，4が正解です。

(35) 解答 ②

質問の訳　「タイラーはクリスマスの朝，なぜうれしかったのですか」

選択肢の訳
1　彼の両親が新しい趣味を始めた。
2　彼の家族が新しいテレビを買った。
3　彼は父親とサッカーをした。
4　彼は何冊かの本を読んだ。

解　説　Christmas morning「クリスマスの朝」のことについては，第4段落に書かれています。その2文目 One of the presents was a new TV. から，プレゼントの1つが新しいテレビだったこと，3文目 Tyler was happy because he could watch TV again から，またテレビが見られるのでうれしかったことが説明されています。

[例題] 解答 **3**

放送文 ★：Hi, my name is Yuta.

☆：Hi, I'm Kate.

★：Do you live near here?

1 I'll be there. **2** That's it.

3 Yes, I do.

放送文の訳 ★：「やあ，ぼくの名前はユウタだよ」

☆：「こんにちは，私はケイトよ」

★：「君はこの近くに住んでいるの？」

1 私はそこへ行くわ。 **2** それだけよ。

3 ええ，そうよ。

No.**1** 解答 **3**

放送文 ★：Excuse me, Mrs. Wallace.

☆：Yes.

★：Can I ask you a question about our school trip?

1 OK, see you then.

2 Sorry, it's in the teachers' room.

3 Sure, please come in.

放送文の訳 ★：「すみません，ウォレス先生」

☆：「はい」

★：「修学旅行について質問してもいいですか」

1 わかったわ，それじゃ。

2 ごめんなさい，それは職員室にあるの。

3 いいわよ，中に入ってください。

解説 男の子の Can I ask you a question about 〜？は「〜について質問してもいいですか」という意味で，Sure「いいですよ」の後に please come in と中に入るように言っている **3** が正解です。**1** は OK の後，**2** は Sorry の後の発話が男の子の質問に対応してい

ません。

No. 2　解答 ③

放送文

☆：Did you enjoy the speech contest, Dad?

★：Of course.

☆：How was my speech?

  1　I saw your teacher.

  2　It was in the school gym.

  3　You did very well.

放送文の訳

☆：「スピーチコンテストは楽しかった，お父さん？」

★：「もちろんだよ」

☆：「私のスピーチはどうだった？」

  1　君の先生に会ったよ。

  2　それは学校の体育館にあったよ。

  3　とてもじょうずにできたよ。

解　説

How was ～? は「～はどうでしたか」という意味で，女の子は父親に自分の speech「スピーチ」がどうだったかをたずねています。did very well「とてもじょうずに[うまく]できた」と感想を述べている **3** が正解です。

No. 3　解答 ①

放送文

★：I'm here to see Mr. Jones.

☆：Your name, please?

★：Frank Johnson.

  1　Please have a seat.

  2　Ten minutes ago.

  3　Coffee and tea.

放送文の訳

★：「ジョーンズさんにお会いすることになっているのですが」

☆：「お名前をお願いできますか」

★：「フランク・ジョンソンです」

  1　どうぞおかけください。

  2　10分前です。

  3　コーヒーと紅茶です。

解 説	I'm here to see ～ は「私は～と会うことになっています」という意味です。訪問してきた男性の名前を確認した後の受付係の発話として適切なのは，Please have a seat.「どうぞおかけ[お座り]ください」と言っている **1** です。

No.4　解答 ①

放送文	★：You're a good tennis player, Julie.
	☆：Thanks.
	★：How often do you play?
	1　Every day.
	2　With my friends.
	3　When I was three.
放送文の訳	★：「君はテニスがじょうずだね，ジュリー」
	☆：「ありがとう」
	★：「どれくらいの頻度でやるの？」
	1　毎日よ。
	2　友だちといっしょに。
	3　私が3歳のときに。

解 説	最後の質問の How often ～?「どれくらいの頻度で～」は回数などをたずねる表現で，ここでは play の後に tennis が省略されています。テニスをする頻度を答えているのは **1** で，every day は「毎日」という意味です。

No.5　解答 ②

放送文	☆：Your orange sweater is nice.
	★：Thanks. It's new.
	☆：Was it a present?
	1　No, it's over there.
	2　No, I bought it online.
	3　No, it's too small.
放送文の訳	☆：「あなたのオレンジ色のセーターはすてきね」
	★：「ありがとう。新しいんだ」
	☆：「プレゼントだったの？」

1 いや，それはあそこにあるよ。

2 いや，ぼくがオンラインで買ったんだ。

3 いや，それは小さすぎるよ。

解 説　男の子の orange sweater「オレンジ色のセーター」が話題です。女の子はそれが present「プレゼント」だったかどうかたずねているので，そうではなく I bought it online「ぼくがオンラインでそれを買った」と答えている **2** が正解です。bought は buy「〜を買う」の過去形です。

No.6　解答 ③

放送文　★：Mom, when is dinner?

☆：In about 20 minutes.

★：I'm hungry now.

1　We're finished.

2　Take some more.

3　Have some fruit.

放送文の訳　★：「お母さん，夕食はいつ？」

☆：「20分後くらいよ」

★：「ぼくはもうお腹がすいてるんだ」

1　私たちは終わったわ。

2　もう少し食べなさい。

3　フルーツを食べなさい。

解 説　dinner「夕食」の用意ができるのは In about 20 minutes.「20分後くらい」と母親から聞いた男の子は，hungry「お腹がすいた」と言っています。これに対して，fruit「フルーツ」を食べなさいと答えている **3** が正解です。ここでの Have は Eat と同じ意味です。

No.7　解答 ②

放送文　☆：Dad, are you still reading the newspaper?

★：No. Why?

☆：Can I borrow it?

1　It's the newspaper.

2　Of course.

3 On page 12.

☆:「お父さん，まだ新聞を読んでいるの？」

★:「ううん。どうして？」

☆:「それを借りてもいい？」

1 それは新聞だよ。

2 もちろん。

3 12ページに。

解　説 Can I ～? は「～してもいいですか」，borrow は「～を借りる」という意味で，最後の it は the newspaper「新聞」を指しています。新聞を借りていいかどうかという質問に応じているのは **2** で，Of course. は「もちろん（いいよ）」ということです。

No.8　解答 ③

放送文 ★:I'm going to bed, Mom.

☆:It's so early!

★:Yes, but I'm really tired.

1 No, it's too late.

2 Right, after dinner.

3 OK, good night.

放送文の訳 ★:「もう寝るね，お母さん」

☆:「ずいぶん早いわね！」

★:「うん，でもとても疲れているんだ」

1 ううん，遅すぎるわ。

2 そう，夕食後よ。

3 わかったわ，おやすみなさい。

解　説 I'm going to bed は「もう寝るね」という意味です。I'm really tired「とても疲れている」は男の子が早い時間に寝る理由で，これを聞いた母親の発話として適切なのは，good night「おやすみなさい」と寝るときのあいさつをしている **3** です。

No.9　解答 ①

放送文 ★:Can I help you?

☆:I'm looking for some winter gloves.

★：Are they for you?

  1 No, they're for my father.

  2 A bigger size.

  3 Yes, they were expensive.

放送文の訳 ★：「ご用件をお伺いいたしましょうか」

☆：「冬用の手袋を探しているんですが」

★：「ご自分用ですか」

  1 いいえ，私の父用です。

  2 もっと大きいサイズです。

  3 はい，値段が高かったです。

解説 女の子が winter gloves「冬用の手袋」を買いに来た場面です。店員の Are they for you? は，探しているのは自分用の手袋かどうかをたずねた質問です。これに対して，自分用ではなく for my father と答えている **1** が正解です。

No.10 解答 ①

放送文 ★：These boxes are for you, Kate.

☆：Thanks, Peter.

★：Where should I put them?

  1 Next to the window, please.

  2 I don't think so.

  3 Yes, it was last week.

放送文の訳 ★：「これらの箱は君にだよ，ケイト」

☆：「ありがとう，ピーター」

★：「どこに置いたらいい？」

  1 窓のとなりにお願い。

  2 私はそう思わないわ。

  3 ええ，それは先週だったの。

解説 男性の質問が Where「どこに」で始まっていることに注意します。them は these boxes「これらの箱」のことで，箱をどこに置いたらいいかたずねています。具体的な場所を答えているのは **1** で，next to ～ は「～のとなりに」という意味です。

No. 11 解答 ❸

放送文
★：What time is it, Pam?

☆：It's 4:30, Dad.

★：Clean your room. Your mom will come home at five.

☆：OK.

Question: When will Pam's mother come home?

放送文の訳
★：「何時だい，パム？」

☆：「4時30分よ，お父さん」

★：「部屋を掃除しなさい。お母さんは5時に家に帰ってくるよ」

☆：「わかったわ」

質問の訳 「パムの母親はいつ帰宅しますか」

選択肢の訳
1　4時に。 2　4時30分に。
3　5時に。 4　5時30分に。

解　説 父親の Your mom will come home at five. に正解が含まれています。mom は「お母さん」，come home は「帰宅する」という意味です。What time is it, Pam? にパムは It's 4:30, Dad. と答えているので，2 の 4:30 (four thirty) は現在の時刻です。

No. 12 解答 ❸

放送文
★：When is your brother's birthday, Jenny?

☆：It's tomorrow, Steve.

★：Did you buy a present for him?

☆：Yes. He likes books, so I bought him one about animals.

Question: Who will have a birthday tomorrow?

放送文の訳
★：「君のお兄さん［弟さん］の誕生日はいつなの，ジェニー？」

☆：「明日よ，スティーブ」

★：「お兄さん［弟さん］へのプレゼントを買った？」

☆：「ええ。兄［弟］は本が好きなので，動物に関する本を買ったわ」

質問の訳 「明日はだれが誕生日を迎えますか」

選択肢の訳	**1** ジェニーが迎える。

2 スティーブが迎える。

3 ジェニーの兄[弟]が迎える。

4 スティーブの兄[弟]が迎える。

解　説	スティーブの When is your brother's birthday, Jenny? は, your brother's birthday「君（＝ジェニー）の兄[弟]の誕生日」がいつかをたずねた質問です。ジェニーは It's tomorrow「（兄[弟]の誕生日は）明日よ」と答えています。

No.13 解答 **4**

放送文	☆：Are you going out?

★：Yes. To the sports store to buy a baseball glove.

☆：OK. See you later.

★：Bye.

Question: Where is the boy going now?

放送文の訳	☆：「出かけるの？」

★：「うん。野球のグローブを買いにスポーツ店へ」

☆：「わかったわ。また後でね」

★：「行ってきます」

質問の訳	「男の子は今どこへ行きますか」

選択肢の訳	**1** 学校へ。	**2** 友だちの家へ。
	3 野球場へ。	**4** スポーツ店へ。

解　説	Are you going out? という質問に男の子は Yes. と答え，続けて To the sports store「スポーツ店へ」と行き先を伝えています。to buy ～ は「～を買うために」という意味で，スポーツ店へ行く目的を表しています。

No.14 解答 **2**

放送文	☆：What are you doing, Brian?

★：I'm building a doghouse.

☆：But you don't have a dog.

★：I'm going to get one next month.

Question: What will Brian do next month?

☆：「何をしているの，ブライアン？」

★：「犬小屋を作っているんだ」

☆：「でもあなたは犬を飼ってないわよね」

★：「来月に1匹買うんだ」

質問の訳　「ブライアンは来月に何をしますか」

選択肢の訳　**1**　犬小屋を買う。　　　　**2**　犬を買う。
　　　　　　3　友だちと遊ぶ。　　　　**4**　動物園を訪れる。

解　説　ブライアンの I'm going to get one next month. の one は，その前の女の子の But you don't have a dog. という発話を受けて a dog の代わりに使われています。get は「～を手に入れる，買う」という意味です。

No. 15 解答 ①

放送文　☆：How are you, David?

★：Not very good.

☆：Why? Are you sick?

★：No, I ate too much pizza for lunch.

Question: What is David's problem?

放送文の訳　☆：「調子はどう，デイビッド？」

★：「あまりよくないんだ」

☆：「どうして？　具合が悪いの？」

★：「いや，昼食にピザを食べ過ぎたんだ」

質問の訳　「デイビッドの問題は何ですか」

選択肢の訳　**1**　彼は食べ過ぎた。　　　**2**　彼は風邪をひいていた。
　　　　　　3　彼は遅い時間に寝た。　**4**　彼はピザが好きではない。

解　説　How are you, David? という質問にデイビッドは Not very good.「あまりよくない」と答え，その理由を最後に I ate too much pizza for lunch と説明しています。ate は eat「～を食べる」の過去形，too much ～ は「あまりに多くの～」という意味です。

No. 16 解答 ③

放送文　☆：Let's go fishing tomorrow.

★：Sorry, I have an English lesson.

☆：But tomorrow is Saturday.

★：I take English lessons on weekends.

Question: Why won't the boy go fishing tomorrow?

放送文の訳 ☆：「明日，釣りに行きましょうよ」

★：「ごめん，ぼくは英語のレッスンがあるんだ」

☆：「でも明日は土曜日よ」

★：「週末に英語のレッスンを受けているんだ」

質問の訳 「男の子はなぜ明日釣りに行かないのですか」

選択肢の訳
1 彼は宿題をしなければならない。

2 彼は昨日釣りに行った。

3 彼は英語のレッスンを受ける。

4 彼は釣りが好きではない。

解説 女の子からの Let's go fishing tomorrow. という釣りの誘いに，男の子は Sorry, I have an English lesson. と答えているので **3** が正解です。lesson は「レッスン，授業」，on weekends は「週末に」という意味です。

No. 17 解答 ①

放送文 ★：Excuse me. I want to go to the art museum. Can I walk there?

☆：No, it's very far. You should take a bus.

★：OK, I will. Thanks.

☆：You're welcome.

Question: What will the man do?

放送文の訳 ★：「すみません。美術館へ行きたいのですが。そこまで歩けますか」

☆：「いいえ，とても遠いです。バスに乗った方がいいですよ」

★：「わかりました，そうします。ありがとうございます」

☆：「どういたしまして」

質問の訳 「男性は何をしますか」

選択肢の訳
1 バスに乗る。 2 助けを求める。
3 美術の授業を受ける。 4 美術館へ歩いて行く。

解説 男性が art museum「美術館」まで歩いて行けるかをたずねてい

る場面です。女性の You should take a bus.「バスに乗った方が
いい」に対して男性は I will「そうします」と答えているので，I
will (take a bus)「バスに乗る」ということになります。

No. 18 解答 ④

放送文　☆：Did you get new glasses, Bobby?

★：Yes, Ms. Walker.

☆：Did you lose your old ones?

★：No, they broke.

Question: What are they talking about?

放送文の訳　☆：「新しい眼鏡を買ったの，ボビー？」

★：「はい，ウォーカー先生」

☆：「前の眼鏡はなくしちゃったの？」

★：「いいえ，壊れてしまいました」

質問の訳　「彼らは何について話していますか」

選択肢の訳　**1** ウォーカー先生の姉[妹]。　**2** ウォーカー先生の教室。
3 ボビーの宿題。　　　　　　　**4** ボビーの眼鏡。

解　説　ウォーカー先生の Did you get new glasses, Bobby? や Did
you lose your old ones? というボビーへの質問から，ボビーの
new glasses「新しい眼鏡」や old ones (= glasses)「前の眼鏡」
が話題だとわかります。broke は break「壊れる」の過去形です。

No. 19 解答 ②

放送文　★：What's in that box, Amy?

☆：Some Christmas cookies. I made them yesterday.

★：Can I have one?

☆：Sure, help yourself.

Question: What did Amy do yesterday?

放送文の訳　★：「その箱の中には何が入っているの，エイミー？」

☆：「クリスマス用のクッキーよ。昨日作ったの」

★：「1つ食べてもいい？」

☆：「いいわよ，自由にどうぞ」

質問の訳　「エイミーは昨日何をしましたか」

選択肢の訳 **1** 彼女は買い物に行った。
2 彼女はクッキーを作った。
3 彼女は男性の家を訪ねた。
4 彼女はクリスマスパーティーをした。

解 説 エイミーは昨日したことについて I made them yesterday. と言っていて，them はその前の Some Christmas cookies.「クリスマス用のクッキー」を指しています。help yourself は「ご自由にどうぞ」という意味です。

No.20 解答 ②

放送文 ☆: You're 10 minutes late, Frank.

★: I'm sorry, Ms. Olsen. The train didn't come.

☆: Oh. Did your mother drive you to school?

★: No, I walked.

Question: How did Frank go to school today?

放送文の訳 ☆:「10分遅刻よ，フランク」

★:「すみません，オルセン先生。電車が来なかったんです」

☆:「あら。お母さんが学校まで車で送ってくれたの？」

★:「いいえ，歩いてきました」

質問の訳 「フランクは今日どのような方法で学校へ行きましたか」

選択肢の訳 **1** 彼は電車に乗った。
2 彼は歩いて行った。
3 彼の母親が彼を連れていった。
4 オルセン先生が彼を連れていった。

解 説 フランクが The train didn't come. と言っていることや，Did your mother drive you to school? に No と答えていることから，**1** と **3** は不正解です。最後の I walked に正解が含まれています。walked は walk「歩く，歩いて行く」の過去形です。

No.**21** 解答 **2**

放送文
Cassie went to the fruit shop this evening.　She bought some bananas.　She wanted to buy some grapes and strawberries, too, but they didn't have any.

Question: What did Cassie buy?

放送文の訳
「キャシーは今日の夕方，くだもの店へ行きました。彼女はバナナを買いました。ブドウとイチゴも買いたかったのですが，店にありませんでした」

質問の訳
「キャシーは何を買いましたか」

選択肢の訳
1　ブドウ。　　　　　　　　　2　バナナ。
3　ブルーベリー。　　　　　　4　イチゴ。

解　説
She bought some bananas. から **2** が正解です。bought は buy「〜を買う」の過去形です。She wanted to buy some grapes and strawberries, too とありますが，その後の but they didn't have any からブドウとイチゴは売っていなかったことがわかります。

No.**22** 解答 **4**

放送文
A new student came to my class last month.　His name is David.　We both like volleyball, so we'll go and watch a volleyball game this Saturday.

Question: What will the boy do this Saturday?

放送文の訳
「先月，ぼくのクラスに新しい生徒がやって来ました。彼の名前はデイビッドです。ぼくたちは2人ともバレーボールが好きなので，今週の土曜日にバレーボールの試合を見に行く予定です」

質問の訳
「男の子は今週の土曜日に何をしますか」

選択肢の訳
1　デイビッドの家を訪ねる。　2　新しい学校へ行く。
3　バレーボールをする。　　　4　バレーボールの試合を見る。

解　説
最後の we'll go and watch a volleyball game this Saturday から，**4** が正解です。we は男の子自身と new student「新しい生

徒」のデイビッドのことです。go and watch 〜 は「〜を見に行く」という意味です。

No.23 解答 ④

放送文
Class, we're going to go to the zoo tomorrow. Please bring your lunch and don't forget to wear a hat. It'll be hot and sunny.
Question: What is the woman talking about?

放送文の訳
「みなさん，明日は動物園へ行きます。昼食を持ってきて，忘れずに帽子をかぶってください。暑くて晴れになります」

質問の訳
「女性は何について話していますか」

選択肢の訳
1　今日の天気。　　　　　　2　新しい学校の制服。
3　あるレストラン。　　　　4　動物園への遠足。

解説
Class「(クラスの) みなさん」で始まる生徒たちへの伝達です。we're going to go to the zoo tomorrow から話題を理解します。正解の 4 にある trip は放送文では使われていませんが，A trip to 〜 で「〜への遠足，旅行」という意味です。It'll be hot and sunny. は明日の天気なので，1 を選ばないように注意します。

No.24 解答 ④

放送文
Tom went to his friend's house yesterday. He didn't come home until very late, so his father was angry.
Question: Why was Tom's father angry?

放送文の訳
「トムは昨日，友だちの家へ行きました。彼はとても遅い時間まで帰宅しなかったので，彼の父親は怒っていました」

質問の訳
「トムの父親はなぜ怒っていましたか」

選択肢の訳
1　トムが家の鍵をなくした。
2　トムが自分の部屋を掃除しなかった。
3　トムが友だちに電話をしなかった。
4　トムが遅くに帰宅した。

解説
so his father was angry「だから彼の父親は怒っていました」の理由は，その前の He didn't come home until very late です。until は「〜まで」という意味で，「とても遅い時間まで帰宅しな

かった」という内容を，正解の **4** では got home late「遅くに帰宅した」と言い換えています。

No. 25 解答 **①**

Bill likes reading. Sometimes he reads two or three books a week, but last week he only read one. It was a big book about Japan.

Question: How many books did Bill read last week?

放送文の訳
「ビルは読書が好きです。週に 2，3 冊の本を読むときもありますが，先週は 1 冊だけ読みました。それは日本に関する分厚い本でした」

質問の訳
「ビルは先週，何冊の本を読みましたか」

選択肢の訳
1 1 冊。　　　2 2 冊。　　　3 3 冊。　　　4 たくさん。

解 説
Sometimes he 〜, but last week he … 「彼は〜するときもありますが，先週は…」の流れに注意します。質問では先週のことをたずねているので，but last week he only read one から **1** が正解です。ここでの read は過去形で，red と同じ発音です。

No. 26 解答 **①**

放送文
There's a big festival in my town tonight. There will be too many people there, so I'm going to stay at home.

Question: What is the man going to do tonight?

放送文の訳
「 今夜，私の町で大きな祭りがあります。そこにはあまりに大勢の人たちがいるでしょうから，私は家にいるつもりです」

質問の訳
「男性は今夜，何をしますか」

選択肢の訳
1 家にいる。　　　　　　　2 何人かの新しい人たちに会う。
3 祭りに行く。　　　　　　4 小さな町を訪れる。

解 説
最後の I'm going to stay at home から正解を判断します。stay at home は「家にいる」という意味です。男性が a big festival「大きな祭り」に行かない理由は，祭りに too many people「あまりに大勢の人たち」がいるからです。

No. 27 解答 **②**

放送文
I just watched the weather news on TV. It's sunny now,

60

but it'll rain this afternoon. I need to take my umbrella to work.

Question: What does the woman need to do?

放送文の訳 「私はテレビで天気予報を見たところです。今は晴れていますが，今日の午後は雨になります。かさを持って仕事に行く必要があります」

質問の訳 「女性は何をする必要がありますか」

選択肢の訳 1 早く仕事へ行く。　　　2 かさを持っていく。
3 朝食をすばやく食べる。　　4 新しいテレビを買う。

解　説 need to ～ は「～する必要がある」という意味です。女性は I need to take my umbrella to work. と言っているので，2 が正解です。take は「～を持っていく」，umbrella は「かさ」です。

No. 28 解答 ③

放送文 Kelly likes to travel. Last summer, she went to France for a month. In winter, she stayed in Hawaii for a week.

Question: When did Kelly go to France?

放送文の訳 「ケリーは旅行することが好きです。昨年の夏，彼女は1カ月間フランスへ行きました。冬には，1週間ハワイに滞在しました」

質問の訳 「ケリーはいつフランスへ行きましたか」

選択肢の訳 1 先週。　　2 先月。　　3 昨年の夏。　4 昨年の冬。

解　説 Last summer, she went to France for a month. から，フランスへ行ったのは Last summer「昨年の夏」であることがわかります。for a month「1カ月間」，In winter「冬に」，for a week「1週間」などの表現に惑わされないように注意しましょう。

No. 29 解答 ③

放送文 I just started high school. I'm good at history, but math and science are difficult. English is hard, too, but the teacher is really funny.

Question: Which subject is the girl good at?

放送文の訳 「私は高校に入学したばかりです。私は歴史が得意ですが，数学と理科は難しいです。英語も難しいですが，先生はとてもおもしろい

です」
質問の訳 「女の子はどの科目が得意ですか」
選択肢の訳　**1**　数学。　　　**2**　英語。　　　**3**　歴史。　　　**4**　理科。
解　説　subject は「科目」，be good at ～ は「～が得意だ」という意味です。I'm good at history から，**3** が正解です。math と science については difficult「難しい」，English については hard「難しい，大変な」と言っています。

No.30 解答 ④

放送文　Alice visits her grandfather every summer. He lives by a lake, and he has a big boat. Alice enjoys fishing and swimming in the lake.

Question: Where does Alice's grandfather live?

放送文の訳　「アリスは毎年夏に祖父を訪ねます。祖父は湖のそばに住んでいて，大きなボートを持っています。アリスは湖で釣りをしたり泳いだりして楽しみます」

質問の訳　「アリスの祖父はどこに住んでいますか」

選択肢の訳　**1**　水泳プールのとなりに。　　**2**　海の近くに。
　　　　　　3　ボートの上に。　　　　　　**4**　湖のそばに。

解　説　He lives by a lake から，**4** が正解です。He は 1 文目に出てくる her grandfather「彼女の祖父」のことで，by は「～のそばに」，lake は「湖」という意味です。

62

2019-3

解答一覧

筆記

1

(1)	2	(6)	3	(11)	2
(2)	2	(7)	4	(12)	3
(3)	3	(8)	2	(13)	4
(4)	3	(9)	2	(14)	4
(5)	4	(10)	1	(15)	1

2

(16)	2	(18)	3	(20)	2
(17)	1	(19)	4		

3

(21)	2	(23)	4	(25)	1
(22)	4	(24)	3		

4 A

(26)	4
(27)	3

4 B

(28)	2
(29)	3
(30)	4

4 C

(31)	4	(33)	2	(35)	3
(32)	1	(34)	3		

リスニング

第1部

No. 1	2	No. 5	1	No. 9	2
No. 2	2	No. 6	3	No.10	1
No. 3	3	No. 7	1		
No. 4	2	No. 8	3		

第2部

No.11	4	No.15	2	No.19	3
No.12	1	No.16	3	No.20	4
No.13	4	No.17	2		
No.14	1	No.18	1		

第3部

No.21	1	No.25	3	No.29	4
No.22	3	No.26	3	No.30	2
No.23	3	No.27	2		
No.24	1	No.28	4		

(1)　解答 **2**

訳　「ドナルドは飛行機を見るために息子を空港へ連れていきました」
1　駅　　　2　空港　　　3　病院　　　4　銀行

解説　Donald took his son to the (　　) の目的が to 以降で説明されています。look at the planes「飛行機を見る」ことができる airport「空港」が正解です。took は take の過去形で，〈take＋（人）＋to 〜〉で「（人）を〜へ連れていく」という意味です。

(2)　解答 **2**

訳　「ローラは今日忙しいです。最初に，彼女は数学の宿題をして，それから理科の授業のための研究課題を仕上げます」
1　チケット　　2　研究課題　　3　クレヨン　　4　黒板

解説　ローラが今日することが説明されています。動詞 finish「〜を終える，仕上げる」と，空所の後の for science class「理科の授業のための」とのつながりを考えて，project「研究課題」を選びます。

(3)　解答 **3**

訳　「今夜は空がとても澄んでいて，星でいっぱいです。きれいです！」
1　土地　　　2　ボート　　　3　空　　　4　地面

解説　空所に入る語が1文目の主語で，それが very clear「とても澄んで」，full of stars「星でいっぱい」と説明されています。この説明に合うのは，sky「空」です。

(4)　解答 **3**

訳　A「トーストにバターかジャムはいる？」
B「ジャムをお願いします」
1　駅　　　2　スプーン　　3　バター　　4　テーブル

解説　Do you want 〜? は「〜が欲しいですか，必要ですか」という意味です。on your toast「あなたのトーストに」とのつながりから，butter「バター」が正解です。

(5) 解答 **4**

訳 「私のいちばん好きなスポーツはバレーボールです。でも，私の友人たちはそれが好きではありません」

1 うれしい　　　　　　　　**2** 長い

3 すてきな　　　　　　　　**4** いちばん好きな

解説 1文目の主語は My （　　） sport で，My「私の」と sport「スポーツ」をつなぐことができるのは，favorite「いちばん好きな，お気に入りの」です。最後の it は volleyball「バレーボール」を指しています。

(6) 解答 **3**

訳 「私たちが駅に着いたとき，雨が激しく降っていました」

1 置いた　　**2** 招待した　　**3** 着いた　　**4** 作った

解説 空所の後の at the station「駅に」につながる動詞は，arrive「到着する」の過去形 arrived です。arrive at ～ で「～に到着する」という意味です。

(7) 解答 **4**

訳 「私は祖父の話を聞くことが好きです。祖父の話はいつもとてもおもしろいです」

1 遅い　　**2** 高い　　**3** 眠い　　**4** おもしろい

解説 1文目で my grandfather's stories「私の祖父の話」を聞くことが好きだと言っているので，His stories は interesting「おもしろい，興味深い」という流れになります。like ～ing は「～することが好き」，listening to ～ は「～を聞くこと」という意味です。

(8) 解答 **2**

訳 「私は風邪をひきたくないので，頻繁に手を洗います」

1 答える　　**2** （catch a cold で）風邪をひく

3 終わらせる　**4** する

解説 空所の後の a cold「風邪」とつながる動詞は catch で，catch a cold で「風邪をひく」という意味です。wash *one's* hands は「手を洗う」，often は「頻繁に，しばしば」という意味です。

(9) 解答 2

訳 A「あなたはどうやって学校へ行くの，ハリー？」
B「電車で行くよ」

1 たずねる　　2 (get to ～ で) ～へ行く，到着する
3 与える　　　4 話す

解説 A の How「どのように」と B の go by train「電車で行く」から，A は B にどのような手段で学校へ行くかをたずねていることがわかります。空所の後の to に注目して，get to ～「～に行く，到着する」という表現にします。

(10) 解答 1

訳 A「あなたは車のスピードを出し過ぎているわ，ジョン！ 減速してちょうだい」

B「わかった。ごめん」

1 (slow downで)減速する　　2 ～の中に
3 離れて　　　　　　　　　4 外れて

解説 You're driving too fast「あなたは車のスピードを出し過ぎている」という状況と，空所の前の Slow とのつながりから，Slow down.「減速しなさい[スピードを落としなさい]」という表現にします。

(11) 解答 2

訳 A「それらの花はきれいですね。その写真を撮ってもいいですか」
B「いいですよ」

1 答える　　2 (take a picture of ～ で) ～の写真を撮る
3 聞く　　　4 乗る

解説 空所の後の a picture「写真」とつながる動詞は take で，take a picture of ～ で「～の写真を撮る」という意味の表現です。them は Those flowers「それらの花」を指しています。

(12) 解答 3

訳 「ジェニーはそのレースでとても疲れましたが，彼女はあきらめませんでした。彼女は走って，レースを終えました」

66

1 離れて　　　　　　　　　**2** ～の上に

3 （give up で）あきらめる　　**4** ～に

解　説　ジェニーは got very tired in the race「そのレースでとても疲れた」けれど，finished the race「レースを終えた」という流れになっているので，彼女は give up「あきらめる」ことをしなかった（did not）ということになります。

(13) 解答 **4**

訳　A「あなたは今日どうして公園へ行くつもりなの？」
　　B「絵を描きたいの」

解　説　A の go to the park「公園へ行く」と，B の want to paint a picture「絵を描きたい」との関係を考えます。空所に疑問詞 Why「どうして，なぜ」を入れると，B が公園へ行く理由をたずねる疑問文になります。

(14) 解答 **4**

訳　A「カレン，君を探していたんだ。どこにいたの？」
　　B「庭にいたわ，お父さん」

解　説　正しい be 動詞を選択する問題です。空所がある文の主語は you なので，are の過去形 were が正解です。ここでの were は「いた」という意味で，カレンがどこにいたのかをたずねています。

(15) 解答 **1**

訳　A「ジャック，テレビを見るのをやめて，皿を洗いなさい」
　　B「わかったよ，お母さん」

解　説　stop は「～をやめる」という意味の動詞です。何をやめるのかを動詞を続けて表す場合は，〈stop＋動詞の～ing 形〉「～することをやめる」の形にします。ここでは watch「～を見る」を watching にして，stop watching ～「～を見ることをやめる」とします。

(16) 解答 ②

訳　女性1「昨日のお祭りにはたくさんの人がいたわ。あなたは行った？」

女性2「いいえ，私は仕事をしていたの」

1　終わった？　　　　　　　　2　あなたは行った？
3　食事をする時間なの？　　　4　あなたは何を着たの？

解説　女性1が昨日行った festival「祭り」が話題です。女性2の No, I was working. につながるのは，女性2もお祭りに行ったかどうかをたずねる **2** の Did you go? で，Did you go (to the festival)? ということです。

(17) 解答 ①

訳　女の子「あなたのジャケットはすてきね，マイク！　それは新しいの？」

男の子「うん。プレゼントだったんだ。ぼくの誕生日にそれをもらったんだ」

1　うん。それはプレゼントだったんだ。
2　うん，ぼくは君を知っているよ。
3　そうしたいよ。
4　ぼくはそれを見に行くつもりだよ。

解説　男の子の jacket「ジャケット」について話しています。女の子の Is it new?「それ（＝ジャケット）は新しいの？」に応じているのは **1** で，Yes. に続けてジャケットが present「プレゼント」だったことを説明しています。

(18) 解答 ③

訳　男性「すみません，新しいカメラを探しているのですが」

女性店員「こちらのものはいかがでしょうか。小さくて軽く，人気があります」

1 それはいつですか。

2 どれがあなたのものですか。

3 こちらのものはいかがでしょうか。

4 これらはだれの写真ですか。

| 解説 | I'm looking for 〜 は「私は〜を探しています」という意味で，男性が a new camera「新しいカメラ」を買いに来た場面です。Saleswoman「女性店員」は空所の後の It's small, light, and popular. で商品説明をしているので，How about 〜?「〜はいかがですか」という表現を使って this one (=camera) をすすめている **3** が正解です。 |

(19) 解答 **4**

| 訳 | 女性「じゃあまたね，ベス。あなたのお母さんによろしくと伝えてね」
女の子「わかった，そうするわ」 |

1 ううん，昨日じゃないわ。　　**2** たぶん私たちはできるわ。

3 うん，そう思うわ。　　　　　**4** わかった，そうするわ。

| 解説 | 女性の Please say hello to 〜 は「〜によろしくと伝えてください」という意味です。これに対する応答になっているのは **4** で，OK の後の I will は「そうします」ということです。See you later「それじゃまた」は別れるときのあいさつです。 |

(20) 解答 **2**

| 訳 | 先生「ジョンは今日，学校にいますか」
生徒「はい。5分前に彼を見かけました」 |

1 彼は家にいました。

2 私は彼を5分前に見かけました。

3 宿題は難しかったです。

4 彼はそれをやろうとしました。

| 解説 | 先生の Is John at school today? に対する生徒の Yes. はジョンが学校にいるということなので，その後に続く内容として適切なのは I saw him「彼を見かけた」と言っている **2** です。ago は「（今から）〜前に」という意味です。 |

(21) 解答 **2**

正しい語順) Fred (goes jogging for two hours) every day.

解説) 主語 Fred の後には動詞が続きますが,「ジョギングをします」を「ジョギングをしに行きます」と考えて goes jogging とします。「2時間」は, 時間や期間を表す for の後に two hours をつなげます。文末の every day は「毎日」という意味です。

(22) 解答 **4**

正しい語順) Melissa (found her mother's yellow dress in) a box.

解説) 主語 Melissa の後に, 動詞 find「〜を見つける」の過去形 found を続けます。found の目的語は「母親の黄色いドレス」にあたる部分で, her mother's yellow dress とします。最後に, in「〜の中に」を文末の a box とつなげます。

(23) 解答 **4**

正しい語順) (Mrs. Brown and her son were at) the dentist yesterday.

解説) 最初に, 主語となる「ブラウンさんと彼女の息子」の部分を Mrs. Brown and her son とします。この後の動詞として,「いました」を意味する were (are の過去形)を続けます。最後に, 場所を表す前置詞 at「〜に」を the dentist「歯医者」とつなげます。

(24) 解答 **3**

正しい語順) Janet (heard about the concert from her) sister.

解説) 主語 Janet の後に, 動詞 hear「聞く」の過去形 heard を続けます。次に,「そのコンサートについて」の部分になる about the concert をもってきます。「お姉さんから」は「彼女のお姉さんから」と考えて, from her sister とします。

(25) 解答 **1**

正しい語順) (You should take a bath) early tonight.

解　説　日本文には含まれていない主語 You で始めることに注意します。「～したほうがいい」は助動詞の should を使い，この後には動詞の原形（ここでは take）が続きます。「お風呂に入る」は，take a bath と言います。

筆　記　　4A　　問題編 P60～61

全　訳

レイクタウン図書館
夏期営業時間

7月25日から31日まで	午前9時から午後5時まで
8月1日から4日まで	閉館
8月5日から16日まで	午前10時から午後2時まで
8月17日と18日	閉館

8月16日に子ども向けの美術教室があります。
子どもたちは絵本の絵の描き方を学ぶことができます。
詳しくは，受付までお越しください。

(26) 解答 4

質問の訳　「図書館は，7月31日には何時に閉館しますか」

選択肢の訳
1　午前9時に。　　　　　2　午前10時に。
3　午後2時に。　　　　　4　午後5時に。

解　説　質問の close「閉まる，閉館する」，on July 31「7月31日に」に注意します。掲示の July 25 to 31 の右に書かれている 9 a.m. to 5 p.m. から，7月25日から31日までは開館時間が午前9時，閉館時間が午後5時であることがわかります。

(27) 解答 3

質問の訳　「8月16日に，子どもたちができるのは」

選択肢の訳
1　本を書く。　　　　　2　図書館の絵をもらう。
3　美術教室に参加する。　　4　レイクタウンについて学習する。

解説　August 16「8月16日」のことについては，掲示に There will be an art class for children on August 16. と書かれています。There will be ～ は「(未来に) ～があります」，an art class for ～ は「～向けの美術教室」という意味です。

筆記 **4B** | 問題編 P62〜63

全訳

差出人：ケイティー・ウォルトン
受取人：ユミ・オダ
日付：1月15日
件名：今週末

こんにちは，ユミ！

元気？　私は土曜日に家族とアイススケートに行く予定なの。私たちといっしょに来られる？　午前中にノースサイド公園へ行くつもりよ。そこには湖があって，そこでスケートができるの。その後，両親が私たちに昼食を買ってくれるわ。

あなたが来られるといいわ！

ケイティー

差出人：ユミ・オダ
受取人：ケイティー・ウォルトン
日付：1月15日
件名：ありがとう！

こんにちは，ケイティー，

ぜひいっしょにアイススケートに行きたいわ！　私は北海道に住んでいたころ，冬には毎週末アイススケートに行ったの。土曜日の午後4時にピアノのレッスンがあるけど，あなたとアイススケートに行った後，いっしょに昼食を食べられるわ。あなたのご両親にまた会えるのでわくわくするわ。それじゃ，土曜日に！

ありがとう，

ユミ

(28) 解答 2

質問の訳 「ケイティーと家族は土曜日の午前中にどこへ行きますか」

選択肢の訳
1 ユミの家へ。　　　　　　　　2 ノースサイド公園へ。
3 スポーツ店へ。　　　　　　　4 北海道へ。

解 説 ケイティーが書いた最初のEメールの2文目に，My family and I are going to go ice-skating on Saturday. と土曜日の予定が書かれています。さらにその日の午前中に何をするかは，4文目のWe'll go to Northside Park in the morning. に書かれています。

(29) 解答 3

質問の訳 「ユミは北海道で，どれくらいの頻度でアイススケートに行きましたか」

選択肢の訳
1 年に1回。　　　　　　　　　2 毎月。
3 冬の毎週末。　　　　　　　　4 冬の毎日。

解 説 How often ～「どれくらいの頻度で～」は，回数などをたずねる表現です。ユミが書いた2番目のEメールの2文目に，When I lived in Hokkaido, I went ice-skating every weekend in winter. とあります。every weekend は「毎週末」という意味です。

(30) 解答 4

質問の訳 「ユミは土曜日，昼食後に何をする予定ですか」

選択肢の訳
1 ケイティーといっしょにおやつを作る。
2 北海道へ戻る。
3 ケイティーの両親に初めて会う。
4 ピアノのレッスンに行く。

解 説 2番目のEメールの3文目前半 I have a piano lesson on Saturday at 4 p.m. から土曜日の午後4時にピアノのレッスンがあること，後半の but I can eat lunch with you after we go ice-skating からアイススケートの後に昼食を食べられること，つまり，アイススケート→昼食→ピアノのレッスンという流れがわかります。

全訳

新しい制服

　キムの父親が日本で仕事に就いたので，キムと家族はカナダから日本へ引っ越してきたところです。彼女は横浜の学校へ通います。多くの国々から来た生徒がこの学校へ通っています。彼女の新しい学校は，カナダにある彼女の以前の学校と同じくらい大きいです。キムの以前の学校では制服がありませんでしたが，新しい学校の生徒は制服を着なければなりません。

　昨日，キムは母親と買い物に行きました。最初に，2人はノートと鉛筆を買いました。それから，カレーレストランで昼食を食べました。その後，2人は制服を買いに行きました。

　店にはたくさんの種類の制服があったので，キムは驚きました。「この緑色と茶色の制服を買ってもいい？」とキムはたずねました。キムの母親は，「だめよ，あなたの学校の制服の色は青色と金色よ」と言いました。2人は夏用の制服を1着と冬用の制服を1着買いました。キムは来週に新しい制服を着て学校へ行くのでわくわくしています。

(31) 解答 **4**

質問の訳　「キムと家族はなぜ日本へ引っ越したのですか」

選択肢の訳
1　カナダにある彼女の学校が閉校した。
2　彼女の家族がカレーレストランを始めた。
3　彼女の母親が衣料品店を開きたいと思っている。
4　彼女の父親がそこで仕事に就いた。

解説　第1段落の1文目 Kim's father got a job in Japan, so Kim and her family just moved from Canada to Japan. に正解が含まれています。〜, so ...「〜，だから…」の構文になっていて，文の前半の Kim's father got a job in Japan がキムと家族が日本へ来た理由です。

(32) 解答 ①

質問の訳 「キムの新しい学校では，」

選択肢の訳
1 生徒たちは制服を着なければならない。
2 生徒たちは自分の昼食を持ってこなければならない。
3 生徒が多くない。
4 生徒たちは英語を話さない。

解説 第1段落の5文目後半に，… but the students at her new school must wear uniforms. とあります。her new school は，キムが通う横浜の学校のことです。must は「～しなければならない」，wear uniforms は「制服を着る」という意味です。

(33) 解答 ②

質問の訳 「キムと母親は昨日，最初に何をしましたか」

選択肢の訳
1 昼食を食べた。　　2 ノートと鉛筆を買った。
3 制服を見た。　　4 キムの新しい学校を訪れた。

解説 第2段落の1文目 Yesterday, Kim and her mother went shopping. でキムと母親が昨日買い物に行ったこと，2文目の First, they bought notebooks and pencils. で2人が最初にしたことが説明されています。bought は buy「～を買う」の過去形です。

(34) 解答 ③

質問の訳 「キムはなぜ驚きましたか」

選択肢の訳
1 冬用の制服がとても高価だった。
2 彼女はかわいいノートを見つけることができなかった。
3 店にたくさんの種類の制服があった。
4 彼女の新しい学校に多くの生徒がいた。

解説 第3段落の1文目は Kim was surprised「キムは驚いた」で始まり，その後の because there were many kinds of uniforms at the store で，彼女が驚いた理由が説明されています。there were ～ は「～があった」，many kinds of ～ は「たくさんの種類の～」という意味です。

(35) 解答 ③

質問の訳 「キムはどの制服を買いたかったのですか」

選択肢の訳
1 青色と緑色の制服。 2 青色と金色の制服。
3 緑色と茶色の制服。 4 金色と茶色の制服。

解 説 第3段落の2文目で，キムは "Can I get this green and brown uniform?" と言っています。Can I ～?「～してもいいですか」は許可を求める表現で，キムが買いたかったのは green and brown uniform だとわかります。**2** の blue and gold は，キムの新しい学校で着なければならない制服の色です。

リスニング 第**1**部 問題編 P66～68 🔊 ▶MP3 ▶アプリ ▶CD 2 **1** ～ **11**

[例題] 解答 ③

放送文 ★：Hi, my name is Yuta.
☆：Hi, I'm Kate.
★：Do you live near here?
  1 I'll be there.   **2** That's it.
  3 Yes, I do.

放送文の訳 ★：「やあ，ぼくの名前はユウタだよ」
☆：「こんにちは，私はケイトよ」
★：「君はこの近くに住んでいるの？」
  1 私はそこへ行くわ。   **2** それだけよ。
  3 ええ，そうよ。

No.1 解答 ②

放送文 ☆：It's really hot.
★：Yes, it is.
☆：I don't want to walk home.
  1 We can buy that.
  2 Let's get a taxi.
  3 She's at the store.

放送文の訳 ☆：「本当に暑いわね」

★：「うん，そうだね」

☆：「家まで歩きたくないわ」

1 ぼくたちはそれを買えるよ。

2 タクシーをつかまえよう。

3 彼女はその店にいるよ。

解　説　It's really hot. は「（気温が）とても暑い」という意味です。女性が I don't want to walk home.「家まで歩きたくない」と言っています。これに応じた発話になっているのは，get a taxi「タクシーをつかまえる（拾う）」ことを提案している **2** です。Let's ～ は「～しよう」という意味です。

No.2　解答 ②

放送文　★：How are you, Jane?

☆：Not very good.

★：Do you have a cold?

1 It's a new umbrella.

2 No, I ate too much.

3 I made that cake.

放送文の訳　★：「調子はどう，ジェーン」

☆：「あまり良くないわ」

★：「風邪をひいているの？」

1 それは新しいかさよ。

2 ううん，食べ過ぎたの。

3 私がそのケーキを作ったの。

解　説　男性の Do you have a cold?「風邪をひいているの？」に適切に答えているのは **2** で，No の後で，調子が良くない理由を I ate too much と説明しています。ate は eat「食べる」の過去形で，eat too much は「食べ過ぎる」という意味です。

No.3　解答 ③

放送文　★：Is the school musical this Saturday?

☆：Yes, it is.

★：How much is a ticket?

   1 For an hour.

   2 In thirty minutes.

   3 Only five dollars.

放送文の訳　★：「学校のミュージカルは今週の土曜日なの？」

☆：「ええ，そうよ」

★：「チケットはいくら？」

   1 1時間よ。

   2 30分後に。

   3 たったの5ドルよ。

解説　How much is ～? は「～はいくらですか」という意味で，ここでは the school musical「学校のミュージカル」の ticket「チケット」がいくらかをたずねています。five dollars「5ドル」と具体的な金額を答えている **3** が正解です。

No.4　解答　**2**

放送文　★：Did you find your bag?

☆：Yes, I did.

★：Where was it?

   1 Blue and green.

   2 Under my bed.

   3 It was big.

放送文の訳　★：「君のかばんは見つかった？」

☆：「ええ，見つかったわ」

★：「それはどこにあったの？」

   1 青色と緑色よ。

   2 私のベッドの下によ。

   3 それは大きかったわ。

解説　Did you find ～? は「～は見つかりましたか」という意味です。最後の質問は Where「どこに」で始まっていて，女の子のかばんが見つかった場所をたずねているので，Under ～「～の下に」を使って答えている **2** が正解です。

No.5　解答 ①

放送文　☆ : Hi, Mr. Jones.

★ : Hello, Angie.

☆ : Is Vicki home?　We have a tennis match today.

1　She's in the house.

2　I can't play tennis.

3　You're 13.

放送文の訳　☆ :「こんにちは，ジョーンズさん」

★ :「こんにちは，アンジー」

☆ :「ビッキーは家にいますか。私たちは今日，テニスの試合があるんです」

1　彼女は家の中にいるよ。

2　ぼくはテニスができないんだ。

3　君は 13 歳だ。

解説　女の子の Is Vicki home?「ビッキーは家にいますか」を確実に聞き取ることがポイントです。これに応じた発話になっているのは**1**で，ビッキーは in the house「家の中に」いると答えています。

No.6　解答 ③

放送文　☆ : Are you ready for tomorrow's test?

★ : No.

☆ : Shall we study together?

1　It was math.

2　The library.

3　OK, sure.

放送文の訳　☆ :「明日のテストの準備はできている？」

★ :「ううん」

☆ :「いっしょに勉強しようか」

1　それは数学だったよ。

2　図書館だよ。

3　わかった，いいよ。

解説　tomorrow's test「明日のテスト」が話題です。Shall we ～?「～しましょうか」は，相手を誘ったり提案したりするときの表現で

79

す。study together「いっしょに勉強する」ことについて，OK と答えている **3** が正解です。sure は「いいですよ，もちろん」という意味です。

No.7　解答 **1**

放送文　★：Did you have a good time at the beach yesterday?

☆：Yes, but I didn't go swimming.

★：Why not?

1　The water was too cold.

2　I stayed at home.

3　My friends love swimming.

放送文の訳　★：「昨日は海辺で楽しい時間を過ごした？」

☆：「ええ，でも泳ぎには行かなかったわ」

★：「どうして？」

1　水が冷たすぎたの。

2　私は家にいたわ。

3　私の友だちは水泳が大好きなの。

解説　男の子の Why not? は，その前の I didn't go swimming を受けて「どうして泳ぎに行かなかったの？」ということです。泳ぎに行かなかった理由になっているのは **1** で，水が too cold「冷たすぎる」と説明しています。

No.8　解答 **3**

放送文　★：What will you do this weekend?

☆：My husband and I are going to go camping.

★：Have fun.

1　Yes, at lunchtime.

2　No, I didn't.

3　Thanks, we will.

放送文の訳　★：「今週末は何をするの？」

☆：「夫と私はキャンプへ行く予定よ」

★：「楽しんでね」

1　ええ，昼食のときに。

2 ううん，そうしなかったわ。

3 ありがとう，そうするわ。

解説　this weekend「今週末」に go camping「キャンプへ行く」という女性に，男性は Have fun.「楽しんでね」と言っています。これに対して Thanks「ありがとう」と感謝している **3** が正解です。we will は「そうします」，つまり「楽しみます」ということです。

No.9 解答 ②

放送文　☆：I forgot to buy stamps yesterday.

★：I have some in my desk.

☆：Oh, really?

1 Yes. I'll buy some paper.

2 Yes. I'll get them for you.

3 Yes. I'll go to the bank.

放送文の訳　☆：「昨日，切手を買い忘れてしまったわ」

★：「ぼくの机の中に何枚かあるよ」

☆：「あら，本当？」

1 うん。紙を買うよ。

2 うん。君にそれを取ってくるよ。

3 うん。銀行へ行くよ。

解説　forgot は forget の過去形で，forgot to ～ は「～し忘れた」という意味です。男性が stamps「切手」を持っていることを聞いた女性の Oh, really?「あら，本当？」に続く発話は **2** で，get them for you は「君にそれ（切手）を取ってくる」という意味です。

No.10 解答 ①

放送文　☆：Excuse me. Do you have this shirt in a smaller size?

★：Yes, but we don't have that color.

☆：What colors do you have?

1 Black and pink.

2 It's very pretty.

3 It's on sale.

放送文の訳　☆：「すみません。このシャツのもっと小さいサイズはありますか」

★：「はい，でもその色はございません」

☆：「どの色がありますか」

1 黒とピンクです。

2 それはとてもきれいです。

3 それはセール中です。

 女性客は this shirt in a smaller size「このシャツのもっと小さいサイズ」があるかどうかをたずねています。同じ色がないことを聞いた女性客は What colors 〜? とどの色があるかをたずねているので，具体的な色を答えている **1** が正解です。

リスニング 第**2**部 問題編 P68〜69  ▶MP3 ▶アプリ ▶CD 2 **12**〜**22**

No.11 解答 **4**

放送文 ★：Do you want something to drink, Betty?

☆：Do you have any juice?

★：Sorry, I don't.　How about some coffee or tea?

☆：Tea, please.

　　Question: What will Betty drink?

放送文の訳 ★：「何か飲みたいかい，ベティー？」

☆：「何かジュースはある？」

★：「ごめん，ないんだ。コーヒーか紅茶はどう？」

☆：「紅茶をお願い」

質問の訳 「ベティーは何を飲みますか」

選択肢の訳 **1** コーヒー。　**2** ジュース。　**3** 牛乳。　　**4** 紅茶。

解説 ベティーの Do you have any juice? に男性は Sorry, I don't. と答えているので，**2** は不正解です。最後の Tea, please.「紅茶をお願いします」から判断します。How about A or B? は「A か B はどうですか」という意味です。

No.12 解答 **1**

放送文 ★：My family has a new cat, Tina.

82

☆ : Wow, that's great, Charlie! How old is it?

★ : It's three months old. It's white.

☆ : It sounds cute.

Question: What are they talking about?

放送文の訳 ★ :「ぼくの家族は新しいネコを飼っているんだ，ティナ」

☆ :「うわー，それはすごいわね，チャーリー！　何歳なの？」

★ :「3 カ月だよ。それは白いんだ」

☆ :「かわいい感じね」

質問の訳 「彼らは何について話していますか」

選択肢の訳

1 チャーリーのネコ。		**2** チャーリーの幼い妹。
3 ティナの友だち。		**4** ティナの誕生日。

解　説　最初のチャーリーの発話 My family has a new cat, Tina. に話題が示されています。How old is it?，It's three months old.，It's white. の it や It はいずれもチャーリーの家族が飼っている a new cat「新しいネコ」を指しています。

No.13 解答 ❹

放送文 ☆ : Did you go anywhere last weekend?

★ : I went to Boston.

☆ : Why did you go there?

★ : My grandmother lives there.

Question: Who lives in Boston?

放送文の訳 ☆ :「先週末はどこかへ行ったの？」

★ :「ボストンへ行ったよ」

☆ :「どうしてそこへ行ったの？」

★ :「ぼくの祖母がそこに住んでいるんだ」

質問の訳 「だれがボストンに住んでいますか」

選択肢の訳

1 女の子。		**2** 男の子。
3 女の子の祖母。		**4** 男の子の祖母。

解　説　男の子は最後に My grandmother lives there.「ぼくの祖母がそこに住んでいる」と言っています。there「そこに」は男の子のその前の発話 I went to Boston. を受けて，in Boston「ボストンに」ということです。

No. 14 解答 ①

放送文 ☆：Did you read the story about Africa in our history textbook?

★：Yes. It was so interesting.

☆：Yeah. I want to write about Africa for my report.

★：Great.

Question: What does the girl want to do?

放送文の訳 ☆：「歴史の教科書のアフリカに関する話を読んだ？」

★：「うん。とてもおもしろかったよ」

☆：「そうね。私は自分のレポートでアフリカについて書きたいと思っているの」

★：「すごいね」

質問の訳 「女の子は何をしたいのですか」

選択肢の訳 **1** アフリカについてのレポートを書く。
2 新しい歴史の教科書を手に入れる。
3 アフリカにいる友だちを訪ねる。
4 男の子の話を読む。

解　説 女の子の I want to write about Africa for my report. を確実に聞き取ります。write about ～ は「～について書く」という意味です。正解の **1** では，Write a report about ～「～についてのレポートを書く」という表現になっています。

No. 15 解答 ②

放送文 ☆：Do you want to go out for lunch, Jim?

★：Sorry, I brought a salad today.

☆：How about tomorrow?

★：Sure. Let's go to the Indian restaurant.

Question: What will they do tomorrow?

放送文の訳 ☆：「昼食を食べに行かない，ジム？」

★：「ごめん，今日はサラダを持ってきたんだ」

☆：「明日はどう？」

★：「いいよ。インド料理のレストランへ行こう」

質問の訳 「彼らは明日，何をしますか」

選択肢の訳

1 男性の家へ行く。 　　2 いっしょに昼食を食べる。

3 サラダを作る。 　　4 インドへ旅行する。

解　説

go out for lunch は「昼食を食べに行く」という意味です。女性の How about tomorrow?「明日はどう？」に男性は Sure. Let's go to the Indian restaurant. と答えているので，明日いっしょにインド料理のレストランで昼食を食べることがわかります。

No.16 解答 ③

放送文

☆：Excuse me. Can you help me?

★：What's wrong?

☆：I'm looking for the Edina Hotel, but I can't find it.

★：Here. Look at this map.

Question: What is the woman doing?

放送文の訳

☆：「すみません。ちょっとよろしいですか」

★：「どうしましたか」

☆：「エダイナホテルを探しているんですが，見つからないんです」

★：「ほら。この地図を見てください」

質問の訳

「女性は何をしていますか」

選択肢の訳

1 地図を書いている。 　　2 地図を買っている。

3 ホテルを探している。 　　4 ホテルを出発している。

解　説

女性の I'm looking for the Edina Hotel, but I can't find it. から，女性はエダイナホテルを探しているが見つからない状況だということがわかります。What's wrong? は困った様子などの人に対して「どうしましたか」とたずねる表現です。

No.17 解答 ②

放送文

★：I went to the zoo on Saturday. How about you?

☆：I went to the movies.

★：Did you go with your sister?

☆：No, I went with my friend.

Question: Where did the girl go on Saturday?

放送文の訳

★：「土曜日にぼくは動物園へ行ったんだ。君は？」

☆：「私は映画に行ったわ」

85

★：「お姉さん[妹さん]といっしょに行ったの？」

☆：「いいえ，友だちと行ったわ」

質問の訳 「女の子は土曜日にどこへ行きましたか」

選択肢の訳
1 動物園へ。 2 映画へ。
3 彼女の姉[妹]の家へ。 4 彼女の友だちの家へ。

解説 男の子の I went to the zoo on Saturday. と，女の子の I went to the movies. の2つの情報を聞き分けるようにします。質問では女の子についてたずねていることに注意します。went は go の過去形で，go to the movies は「映画に行く」という意味です。

No. 18 解答 **1**

放送文 ★：Hi, Mom. Where did you go?

☆：To the supermarket. I needed potatoes.

★：Will you make potato salad?

☆：No, I'm going to make soup.

Question: Why did the woman buy potatoes?

放送文の訳 ★：「お帰りなさい，お母さん。どこへ行ったの？」

☆：「スーパーマーケットよ。ジャガイモが必要だったの」

★：「ポテトサラダを作るの？」

☆：「ううん，スープを作るつもりよ」

質問の訳 「女性はなぜジャガイモを買いましたか」

選択肢の訳
1 スープを作るために。

2 カレーを作るために。

3 ポテトチップスを作るために。

4 ポテトサラダを作るために。

解説 男の子の Will you make potato salad? に母親は No と答えているので，4は不正解です。その後の I'm going to make soup. 「スープを作るつもりよ」が，母親が potatoes「ジャガイモ」を買った理由です。

No. 19 解答 **3**

放送文 ☆：Do you like science?

★：Not really. I like art the best.

☆：I like art, too.　But math is my favorite subject.

★：Math is too difficult for me.

Question: Which subject does the boy like the best?

放送文の訳　☆：「理科は好き？」

★：「そうでもないよ。ぼくは美術がいちばん好きなんだ」

☆：「私も美術は好きよ。でも，数学が私のいちばん好きな科目なの」

★：「数学はぼくには難しすぎるな」

質問の訳　「男の子はどの科目がいちばん好きですか」

選択肢の訳　**1** 数学。　　**2** 理科。　　**3** 美術。　　**4** 歴史。

解説　Do you like science? に男の子は Not really.「そうでもない」と答えているので，**2** は不正解です。その後の I like art the best. から，**3** が正解です。女の子の math is my favorite subject と混同しないように注意します。

No.20 解答 ④

放送文　☆：Did you get tickets for tomorrow's concert?

★：No.　I need to buy them this afternoon.

☆：Let's go together after lunch.

★：Sounds good.

Question: What does the man need to do this afternoon?

放送文の訳　☆：「明日のコンサートのチケットを手に入れた？」

★：「ううん。今日の午後に買わないといけないんだ」

☆：「昼食の後にいっしょに行きましょう」

★：「いいね」

質問の訳　「男性は今日の午後に何をする必要がありますか」

選択肢の訳　**1** 銀行へ行く。　　　　**2** コンサートへ行く。
　　　　　3 昼食を作る。　　　　**4** チケットを買う。

解説　need to ～ は「～する必要がある」という意味です。男性は I need to buy them this afternoon. と言っていて，them はその前の質問を受けて，tickets for tomorrow's concert「明日のコンサートのチケット」を指しています。

No.21 解答 **1**

放送文

I was sick this morning, so I didn't go to school. I stayed in bed all day. My mother made some soup for me.

Question: What did the boy do today?

放送文の訳
「今朝は具合が悪かったので，ぼくは学校へ行きませんでした。1日中寝ていました。母がぼくにスープを作ってくれました」

質問の訳
「男の子は今日，何をしましたか」

選択肢の訳
1　彼は寝ていた。　　　　　　2　彼は学校へ行った。
3　彼はスープを作った。　　　4　彼は母親の手伝いをした。

解説

I staycd in bed all day. から判断します。stay in bed は「（ベッドに）寝ている」，all day は「1日中」という意味です。I didn't go to school「ぼくは学校へ行かなかった」，My mother made some soup「母がスープを作った」から，2や3は不正解です。

No.22 解答 **3**

放送文

Last year, Jessica's older brother traveled around the world. He sent Jessica many postcards. Today, she brought them to school. Her friends liked them.

Question: What did Jessica bring to school today?

放送文の訳
「昨年，ジェシカの兄は世界中を旅行しました。彼はジェシカにたくさんのはがきを送りました。今日，ジェシカはそれらを学校に持ってきました。彼女の友だちはそれらが気に入りました」

質問の訳
「ジェシカは今日，学校に何を持ってきましたか」

選択肢の訳
1　雑誌。　　2　本。　　　3　はがき。　　4　チケット。

解説

3文目に Today, she brought them to school. とあり，them は2文目の postcards「（ジェシカの兄がジェシカに送った）はがき」を指しています。sent は send「（人に）〜を送る」の，brought は bring「〜を持ってくる」の過去形です。

88

No. 23 解答 ③

放送文　Emily loves visiting her grandfather's farm.　She likes riding horses and playing with her grandfather's dog.　But she likes talking to her grandfather the best.

Question: What does Emily like doing the best at the farm?

放送文の訳　「エミリーは祖父の農場を訪れることが大好きです。彼女は馬に乗ることと，祖父の犬と遊ぶことが好きです。でも，祖父と話すことがいちばん好きです」

質問の訳　「エミリーは農場で何をすることがいちばん好きですか」

選択肢の訳
1　馬に乗ること。　　　　　　2　犬と遊ぶこと。
3　彼女の祖父と話すこと。　　4　動物を見ること。

解　説　like ～ the best は「～（すること）がいちばん好き」という意味です。2文目に She likes riding horses … とありますが，エミリーがいちばん好きなことについては，最後の文で But she likes talking to her grandfather the best. と説明されていることに注意します。

No. 24 解答 ①

放送文　Attention, students.　Remember to bring a flower to school tomorrow.　You'll need it for art class.　Any color is fine.

Question: What do the students have to do tomorrow?

放送文の訳　「生徒に連絡します。明日，学校に花を忘れずに持ってきてください。美術の授業で必要になります。どんな色でもかまいません」

質問の訳　「生徒たちは明日，何をしなければなりませんか」

選択肢の訳
1　学校に花を持ってくる。
2　早く授業に行く。
3　美術の先生の手伝いをする。
4　自分たちの好きな色について話す。

解　説　Attention は放送などを始めるときに，聞き手の注意を引くために使う表現です。Remember to ～ は「忘れずに～してください」という意味で，この後で bring a flower to school tomorrow

「明日，学校に花を持ってくる」ことを生徒に伝えています。

No.25 解答 ❸

放送文　This summer, my family will take a trip from July 25 to August 7.　My birthday is August 1, so we'll have my birthday party at a restaurant.

Question: When is the boy's birthday?

放送文の訳　「今年の夏，ぼくの家族は7月25日から8月7日まで旅行に出かけます。ぼくの誕生日が8月1日なので，レストランでぼくの誕生日パーティーをします」

質問の訳　「男の子の誕生日はいつですか」

選択肢の訳
1　7月1日。　　　　　　　　　2　7月25日。
3　8月1日。　　　　　　　　　4　8月7日。

解説　My birthday is August 1 から，**3** が正解です。男の子の家族の旅行期間である from July 25 to August 7「7月25日から8月7日まで」を聞いて **2** や **4** を選んでしまわないように注意します。

No.26 解答 ❸

放送文　I love fall.　It's my favorite season.　The trees are beautiful, and it's cooler than in summer.　I like going to the mountains in fall.

Question: What is the girl talking about?

放送文の訳　「私は秋が大好きです。それは私のいちばん好きな季節です。木々が美しく，夏よりも涼しいです。私は秋に山へ行くことが好きです」

質問の訳　「女の子は何について話していますか」

選択肢の訳
1　彼女の修学旅行。　　　　　2　彼女の家族の庭。
3　彼女のいちばん好きな季節。　4　彼女の夏休み。

解説　I love fall. や It's my favorite season. から，my favorite season「私のいちばん好きな季節」である fall「秋」（autumn と同じ意味）が話題になっていることがわかります。cooler は cool「涼しい」の比較級です。

No.27 解答 ②

放送文
Jennifer's camera broke last weekend. She's going to visit Hawaii next month, so she'll go shopping for a new one this afternoon.

Question: Why will Jennifer go shopping this afternoon?

放送文の訳
「ジェニファーのカメラが先週末に壊れてしまいました。彼女は来月にハワイを訪れる予定なので，今日の午後に新しいカメラを買いに行きます」

質問の訳
「ジェニファーはなぜ今日の午後に買い物に行くのですか」

選択肢の訳
1 ハワイの食べ物を買うため。
2 新しいカメラを買うため。
3 彼女の旅行のチケットを買うため。
4 新しい水着を買うため。

解説
she'll go shopping for a new one の one は，1文目の Jennifer's camera broke last weekend. を受けて camera「カメラ」を指しています。broke は break「壊れる」の過去形で，カメラが壊れてしまったので新しいカメラを買いに行くということです。

No.28 解答 ④

放送文
Sarah often goes to a restaurant near her house. She usually has noodles or sushi, but today she tried curry and rice. She loved it.

Question: What did Sarah eat at the restaurant today?

放送文の訳
「サラはよく，家の近くにあるレストランへ行きます。普段はめん類や寿司を食べますが，今日はカレーライスを食べてみました。彼女はそれがとても気に入りました」

質問の訳
「サラは今日，レストランで何を食べましたか」

選択肢の訳
1 寿司。　　　　　　　　2 めん類。
3 フライドチキン。　　　4 カレーライス。

解説
She usually 〜, but today ...「彼女は普段〜ですが，今日は…」の流れに注意します。noodles or sushi「めん類や寿司」はサラがレストランで普段食べるもので，今日食べたのは curry and rice「カレーライス」です。tried は try の過去形で，ここでは

「〜を食べてみた」という意味で使われています。

No.29 解答 ④

放送文　I took a swimming test last month. I practiced hard for it. I passed the test, so I'll start a more difficult class this week.

Question: What will the boy do this week?

放送文の訳　「先月ぼくは水泳のテストを受けました。そのために一生懸命練習しました。ぼくはテストに合格したので，今週，もっと難しいクラスを始めます」

質問の訳　「男の子は今週，何をしますか」

選択肢の訳　
1　テストを受ける。　　　　2　学校の勉強をする。
3　水着を買う。　　　　　　4　新しいクラスを始める。

解説　I'll start a more difficult class this week から判断します。a more difficult class「（水泳の）もっと難しいクラス」が，正解4では a new class「新しいクラス」と言い換えられています。passed は pass「〜に合格する」の過去形です。

No.30 解答 ②

放送文　Welcome to the last game of the season. Today, hot dogs are only two dollars each, and soft drinks are one dollar each. Enjoy the game!

Question: How much is a hot dog today?

放送文の訳　「シーズン最後の試合へようこそ。本日，ホットドッグは1本たったの2ドルで，ソフトドリンクは1本1ドルです。試合をお楽しみください！」

質問の訳　「ホットドッグは今日いくらですか」

選択肢の訳　1　1ドル。　　2　2ドル。　　3　3ドル。　　4　4ドル。

解説　hot dogs「ホットドッグ」→ two dollars each「1本2ドル」, soft drinks「ソフトドリンク」→ one dollar each「1本1ドル」の情報を聞き分けることがポイントです。Welcome to 〜 は「〜へようこそ」という意味です。

2019-2

筆記解答・解説 <ruby>筆<rt>ひっ</rt></ruby><ruby>記<rt>き</rt></ruby><ruby>解答<rt>かいとう</rt></ruby>・<ruby>解説<rt>かいせつ</rt></ruby> P94〜106

リスニング解答・解説 <ruby>解答<rt>かいとう</rt></ruby>・<ruby>解説<rt>かいせつ</rt></ruby> P106〜122

解答一覧

筆記

1	(1)	2	(6)	4	(11)	2
	(2)	4	(7)	4	(12)	2
	(3)	1	(8)	1	(13)	4
	(4)	4	(9)	3	(14)	4
	(5)	1	(10)	2	(15)	3

2	(16)	2	(18)	3	(20)	4
	(17)	4	(19)	1		

3	(21)	4	(23)	3	(25)	1
	(22)	3	(24)	2		

4 A	(26)	3	**4 B**	(28)	1
	(27)	3		(29)	4
				(30)	2

4 C	(31)	1	(33)	3	(35)	3
	(32)	2	(34)	1		

リスニング

第1部	No. 1	1	No. 5	1	No. 9	2
	No. 2	1	No. 6	3	No.10	3
	No. 3	2	No. 7	3		
	No. 4	1	No. 8	2		

第2部	No.11	2	No.15	1	No.19	2
	No.12	3	No.16	3	No.20	4
	No.13	1	No.17	4		
	No.14	2	No.18	1		

第3部	No.21	1	No.25	4	No.29	2
	No.22	3	No.26	1	No.30	4
	No.23	2	No.27	2		
	No.24	3	No.28	3		

(1)　解答　②

訳

A「あなたには何人の子どもがいますか」
B「3人です。男の子2人と女の子1人です」
1　ダンス　　2　子ども　　3　農場　　4　日

解説

〈How many＋複数名詞〉「いくつの〜，何人の〜」は数をたずねる表現です。B が Two boys and one girl. と答えていることから，child「子ども」の複数形 children が正解です。

(2)　解答　④

訳

「ぼくが父のカメラを落としたので，父はとても怒っていました」
1　期待した　　2　答えた　　3　訪れた　　4　落とした

解説

so は「だから」という意味で，so の前の部分が he was very angry の理由になっています。父親が怒った理由となるように，my father's camera「ぼくの父のカメラ」と意味的に結びつく drop「〜を落とす」の過去形 dropped を選びます。

(3)　解答　①

訳

「サトミの学校では今日，英語のスピーチコンテストがありました。サトミはとてもじょうずにできたので，うれしくなりました」
1　コンテスト　2　地図　　3　旅行　　4　遊び

解説

空所の前の speech「スピーチ」とのつながりを考えて，contest「コンテスト」を選びます。did は do の過去形で，do well は「うまくやる」という意味です。

(4)　解答　④

訳

A「オレンジジュースを1つお願いします」
B「どのサイズがよろしいですか」
A「小さいサイズをお願いします」
1　方法　　2　時間　　3　音　　4　サイズ

解説

A が orange juice「オレンジジュース」を注文している場面です。

最後に Small, please. と答えているので，B は A にオレンジジュースの size「サイズ」をたずねていることがわかります。

(5) 解答 **1**

訳
「カレンは毎週土曜日の朝，妹を公園に連れていきます」
1 年下の　　**2** より少ない　**3** 長い　　**4** 左の

解説
空所の前後にある her と sister とのつながりを考えて，her little sister「彼女（カレン）の妹」とします。little には「年下の，幼い」という意味があります。〈take＋（人）＋to ～〉は「（人）を～に連れていく」という意味です。

(6) 解答 **4**

訳
A「お父さん，私の数学の宿題が難しすぎるの。手伝ってくれる？」
B「いいよ，ジュディー」
1 役に立つ　　　　　　　**2** 用意ができて
3 完全な　　　　　　　　**4** 難しい

解説
too ～ は「～すぎる，あまりに～」という意味です。ジュディーは Can you help me? と父親に手伝いを求めているので，math homework「数学の宿題」は too difficult「難しすぎる」ということになります。

(7) 解答 **4**

訳
A「週末は何か予定があるの，ボブ？」
B「うん。ぼくは家族と海辺へ行くんだ」
1 部分　　**2** プレゼント　**3** ポスター　**4** 予定

解説
weekend は「週末」という意味です。B の My family and I will go to the beach. は週末にすることなので，plan「予定，計画」の複数形 plans を入れて，週末に予定があるかを聞く文にします。Do you have any plans for ～?「～の予定は何かありますか」の形でまとめて覚えておくようにします。

(8) 解答 **1**

訳
「この店にはたくさんの種類のケーキがあります。例えば，チョコレート，バナナ，コーヒーがあります」

1（For example で）例えば **2** 〜の

3 〜で　　　　　　　　　**4** 〜といっしょに

解　説 many kinds of cakes「たくさんの種類のケーキ」の具体例が chocolate, banana, and coffee であることと，空所の後の example とのつながりから，例を示す For example「例えば」とします。

(9) 解答 **3**

訳 A「フレッド。ジェーンに会ったら，よろしくと伝えてね」

B「わかりました。そうします，ジャクソンさん」

1 聞く

2 たずねる

3 （say hello to 〜 で）〜によろしくと伝える

4 与える

解　説 空所の後の hello to her に注目します。say hello to 〜（for me）で「（私の代わりに）〜によろしくと伝える」という意味の表現になります。B の I will は「そうします」という意味です。

(10) 解答 **2**

訳 「その犬はおわんのとなりに座って，えさを待ちました」

1 身に着けた　**2**（waited for 〜 で）〜を待った

3 歩いた　　　**4** 買った

解　説 空所の後の for に注目します。waited は wait の過去形で，wait for 〜 で「〜を待つ」という表現になります。next to 〜 は「〜のとなりに」という意味です。**1** の wore は wear「〜を身に着ける」の，**4** の bought は buy「〜を買う」の過去形です。

(11) 解答 **2**

訳 「私の学校の先生方は今日，特別会議をしました。先生方は運動会について話しました」

1 期待した　　**2**（talked about 〜 で）〜について話した

3 参加した　　**4** 掃除した

解　説 2 文目の They は The teachers at my school「私の学校の先生方」を指します。空所の後の about とつながるのは talk の過去

形 talked で，talk about ～ で「～について話す」という意味です。

(12) 解答 ❷

訳 A「あなたはサンタを信じる，クリス？」

B「もちろん！ 毎年クリスマスに，サンタはぼくにプレゼントを持ってきてくれるんだ」

1 みがく　　2 （believe in ～ で）～を信じる

3 始める　　4 持ってくる

解説 空所の後の in とのつながりを考えて，believe in ～「～（の存在）を信じる」という表現にします。Of course! は「もちろん！」という意味です。He は Santa「サンタ」を指しています。

(13) 解答 ❹

訳 「昨日は1日中雨が降っていたので，私は外出しませんでした」

解説 選択肢には rain「雨が降る」のさまざまな形が並んでいますが，yesterday「昨日」のことなので，過去形の rained が正解です。2 の rains は主語が3人称単数現在の場合，3 の will rain は未来を表す場合に使います。

(14) 解答 ❹

訳 「ジョンの母親と父親は今，家にいません。2人はショッピングセンターにいます」

解説 主語が John's mother and father「ジョンの母親と父親」と複数で，空所より後に一般動詞がないので，are not の短縮形 aren't を使って否定文を作ります。3 の isn't は，主語が単数の場合に使います。

(15) 解答 ❸

訳 「今度の火曜日は私の父の誕生日です。私は彼に腕時計をあげるつもりです」

解説 give は〈give ＋（人）＋（物）〉「（人）に（物）をあげる」の形で使うことができます。ここでは（人）の部分に my father を指す代名詞が入りますが，目的格の him が正解です。2 の his は所有格で「彼の」という意味です。

(16) 解答 **2**

訳　男の子「ごめん，ジュリア。明日の君のパーティーに遅れそうなんだ」
女の子「だいじょうぶよ。いつ来られる？」
男の子「5時頃だね」
1　パーティーはどこ？　　　2　いつ来られる？
3　あなたはいつも遅れるの？　4　そこには何人いるの？

解説　be late for 〜 は「〜に遅れる」という意味で，男の子は女の子にparty「パーティー」に遅れることを伝えています。男の子は最後にAt about 5:00.「5時頃に」と時刻を答えているので，When「いつ」で始めてパーティーにいつ来られるかをたずねている2が正解です。

(17) 解答 **4**

訳　母親「もう少しピザが欲しい，ダニエル？」
息子「うん，とてもお腹がすいているんだ」
1　ぼくは夕食を作りたいんだ。
2　ぼくはそれを食べられないんだ。
3　ぼくはそう思わないよ。
4　ぼくはとてもお腹がすいているんだ。

解説　Do you want 〜? は「〜が欲しいですか」という意味で，ここでは母親が息子にpizza「ピザ」をもっと食べるかどうかたずねています。息子はYesと答えているので，これに自然に続くのはhungry「お腹がすいて」と言っている4です。

(18) 解答 **3**

訳　男の子「やあ，メグ。フランス旅行はどうだった？」
女の子「楽しかったわ。すてきな写真を何枚か撮ったの」
男の子「本当？　いつかそれらを見たいな」
1　そのカメラは私のものよ。

2 私はそこへ何度も行ったわ。

3 私はすてきな写真を何枚か撮ったの。

4 私は飛行機で行ったの。

解 説 男の子は最後に I'd like to see them sometime.「いつかそれら
を見たい」と言っているので，them が示す内容として適切な
some nice photos「何枚かのすてきな写真」を撮ったという **3** が
正解です。took は take の過去形で，take photos で「写真を撮
る」という意味です。

(19) 解答 **1**

訳 男性「土曜日に野球の試合に来る？」
女性「ううん，行かないわ。今週末はいとこのところへ行くの」

1 ううん，私は行かないわ。

2 ええ，私たちはそうしなくちゃいけないわ。

3 ううん，そうじゃないわ。

4 ええ，あなたはそう言ったわ。

解 説 男性の質問は Will you be at ～?「～にいますか（来ますか）」
で始まり，baseball game「野球の試合」に来るかどうかたずね
ています。最後の I'll visit my cousin「いとこのところへ行く」
から，女性の答えは No だと判断でき，主語が I の **1** が正解です。
I won't は I won't be at the baseball game on Saturday と
いうことです。

(20) 解答 **4**

訳 女の子1「朝食はどれくらいの頻度で食べるの，ジェーン？」
女の子2「毎日よ。私はいつも卵とトーストを食べるの」

1 私は食べ過ぎたわ。　　　　**2** だれもしなかったわ。

3 約20分よ。　　　　　　　**4** 毎日よ。

解 説 How often ～ は「どれくらいの頻度で～」という意味で，女の
子1は女の子2に breakfast「朝食」を食べる頻度をたずねていま
す。回数を表す選択肢はありませんが，Every day.「毎日」と答
えている **4** が適切な応答です。

(21) 解答 **4**

正しい語順 ▸ Mom, do (you need help with dinner)?

解説 ▸ 「〜が必要ですか」という疑問文なので、〈do＋主語＋動詞〉の語順で do you need とします。need「〜が必要だ」の後には、目的語になる help「手伝い」が続きます。何の手伝いかは with を使って表し、help with dinner「夕食の手伝い」とします。

(22) 解答 **3**

正しい語順 ▸ These (shoes are too small for) Adam.

解説 ▸ These の後に shoes「くつ」をつなげて主語を作ります。この次には動詞の are が続きます。「〜すぎる」は〈too＋形容詞〉で表し、ここでは too small とします。「アダムには」は「アダムにとっては」と考えて、for を文末の Adam とつなげます。

(23) 解答 **3**

正しい語順 ▸ (There are a lot of places to) visit in Tokyo.

解説 ▸ 「〜があります」という文なので、There are 〜 で始めます。並べかえる語句の中に places「場所」と to があることに注目して、「訪れるところがたくさん」を「たくさんの場所」(a lot of places)＋「訪れるべき」(to visit)という語順にします。〈to＋動詞の原形〉には、「〜するための、〜すべき」という意味で直前の名詞を修飾する働きがあります。

(24) 解答 **2**

正しい語順 ▸ (Where are you going to) go this summer?

解説 ▸ 「どこへ」を意味する疑問詞 Where で始めます。「〜する予定だ」は be going to 〜 という表現で、これを疑問文にするために〈be動詞＋主語＋going to 〜〉の語順で are you going to 〜 とします。to の後は動詞の原形が入るので、文末の go とつながります。

(25) 解答 ❶

正しい語順　(Thank you for the nice) tie.

解説　「～をありがとうございました」と感謝を述べるには，Thank you for ～ という表現を使います。「すてきなネクタイ」の部分は，the nice「(その) すてきな～」を文末の tie「ネクタイ」とつなげて作ります。相手からもらった特定のネクタイについて話しているので，冠詞は a ではなく the を使います。

筆　記	**4A**	問題編 P78〜79

全　訳

ピザ・プリンセス　1カ月間の特売

6月19日金曜日から7月18日土曜日まで，
ピザ・プリンセスの全品がセールになります！

すべてのピザがそれぞれたった8ドルです。
ピザを2枚お買い求めいただくと，もう1枚を無料で差し上げます！
飲み物は各1ドルです。
デザートもございます。ケーキは各10ドルです。

ピザが大好きなら，このセールをお見逃しなく！
時間：午前11時から午後10時

(26) 解答 ❸

質問の訳　「セールはいつ終わりますか」

選択肢の訳
1　6月18日に。　　　　　2　6月19日に。
3　7月18日に。　　　　　4　7月19日に。

解説　sale は「セール，特売」，end は「終わる」という意味です。セールの期間については，ちらしの本文の1文目に From Friday, June 19 to Saturday, July 18 と書かれています。From ～ to ... は「～から…まで」で，セールは July 18「7月18日」に終わることがわかります。

| 質問の訳 | 「人々が無料のピザを1枚もらうには」 |

| 選択肢の訳 | **1** 飲み物を1つ買う。 |

2 ケーキを1つ買う。

3 ピザを2枚買う。

4 デザートを2つ買う。

| 解 説 | free は「無料の」，if は「もし〜すれば」という意味です。ちらしの本文の4行目に If you buy two pizzas, you'll get one more for free! と書かれていて，two pizzas「2枚のピザ」を買えば，one more（pizza）「もう1枚（のピザ）」を無料でもらえるということです。

筆 記 4B 問題編 P80〜81

| 全 訳 |

差出人：ブレンダ・ジャクソン
受取人：キャサリン・ジャクソン
日付：7月21日
件名：手伝って！

キャサリンへ，

私の手伝いをしてくれる？ 今日はお父さんの誕生日よ。私はそのことを忘れていたの。家に帰ってきたらチョコレートクッキーを作ってね。私は仕事の後，スーパーマーケットで夕飯用に料理するためのステーキを買うわ。6時に家に帰るね。お父さんは6時30分に帰ってくるわ。

ありがとう，
母

差出人：キャサリン・ジャクソン
受取人：ブレンダ・ジャクソン
日付：7月21日
件名：わかったわ
お母さんへ，

だいじょうぶよ！　今日は水泳の練習がないから，4時30分に家に着くわ。クッキーを作れるわよ，それとサラダも作るわね。庭からトマトを取って使うわ。ジャガイモを買ってくれる？　ポテトスープも作ろうよ。お父さんの大好物よ。

それじゃ6時に，

キャサリン

(28) 解答 ①

質問の訳　「だれがキャサリンの父親の誕生日のことを忘れましたか」

選択肢の訳
1　キャサリンの母親。　　　　2　キャサリンの姉［妹］。
3　キャサリンの祖父。　　　　4　キャサリン。

解説　forgot は forget「忘れる」の過去形です。最初のEメールの3文目に I forgot about it. と書かれています。この it は2文目の your dad's birthday「あなたのお父さんの誕生日」を指しています。つまり，キャサリンの父親の誕生日を忘れたのは，このEメールの差出人である，キャサリンの母親です。

(29) 解答 ④

質問の訳　「キャサリンは家に着いたら何をしますか」

選択肢の訳
1　トマトを買う。
2　水泳の練習に行く。
3　スーパーマーケットで働く。
4　チョコレートクッキーを作る。

解説　最初のEメールの4文目で，母親はキャサリンに Please make some chocolate cookies after you come home. と頼んでいます。これに対して，キャサリンは2番目のEメールの1文目で No problem!「だいじょうぶ」，3文目で I can make the cookies「クッキーを作れる」と答えています。

(30) 解答 ②

質問の訳　「キャサリンの父親の大好物は何ですか」

選択肢の訳
1　トマトサラダ。　　　　2　ポテトスープ。
3　ステーキ。　　　　4　フライドポテト。

解説　favorite food は「大好きな食べ物，大好物」という意味です。

2番目のEメールの7文目に It's Dad's favorite food. と書かれていて，It はその前の6文目でキャサリンが作ることを提案している potato soup を指しています。

全 訳

書店での1日

スズは大阪の大学生です。彼女は英語を勉強しています。彼女は本を読むことが大好きで，よく市の図書館へ行きます。先週の土曜日，彼女のアパートの近くに新しい書店が開店したので，彼女は午前10時にそこへ行きました。そこは大きくてきれいでした。彼女は2時間，たくさんの種類の本を見ました。

12時に，スズは3冊の本と1冊の雑誌を買いました。「2階には何があるのかしら」と彼女は思いました。スズが書店の2階へ行くと，カフェが目に入りました。カフェのメニューにはたくさんのものがありました。ケーキとサンドイッチがおいしそうでしたが，彼女は紅茶を1杯だけ買いました。彼女は座って，新しく買った雑誌を読み始めました。

2時に，スズはまわりを見渡しました。カフェにはたくさんの人たちがいて，食べたり飲んだりしていました。彼女は，「ちょっと騒がしくなってきたわ」と思いました。そこで，彼女は家に帰りました。スズは書店での1日を楽しみました。

(31) 解答 **1**

質問の訳 「スズは何をしている人ですか」

選択肢の訳
1 彼女は大学で勉強している。
2 彼女は大阪で本を書いている。
3 彼女は図書館で働いている。
4 彼女は書店で働いている。

解 説 第1段落1文目の Suzu is a university student in Osaka. から，スズは大阪の a university student「大学生」であること，2

文目の She studies English. から，彼女は英語を勉強していることがわかります。

(32) 解答 **2**

質問の訳　「スズは新しい書店でどれくらいの時間，本を見ましたか」

選択肢の訳　**1** 1時間。　**2** **2時間。**　**3** 3時間。　**4** 9時間。

解説　第1段落の最後の文 She looked at many kinds of books for two hours. から，**2** が正解です。looked は look の過去形で，look at ～ で「～を見る」，many kinds of ～（複数名詞）は「たくさんの種類の～」という意味です。

(33) 解答 **3**

質問の訳　「スズは 12 時に何をしましたか」

選択肢の訳
1 彼女は昼食を作った。
2 彼女は外で散歩をした。
3 彼女は何冊かの本と 1 冊の雑誌を買った。
4 彼女は自分の英語の授業へ行った。

解説　質問の at twelve o'clock「12 時に」に注目します。この時間に何をしたかは，第 2 段落 1 文目に At twelve o'clock, Suzu bought three books and one magazine. と書かれています。three books「3 冊の本」が，正解 **3** では some books と表現されています。

(34) 解答 **1**

質問の訳　「カフェでスズが買ったのは」

選択肢の訳
1 紅茶 1 杯。　　　　　　　**2** コーヒー 1 杯。
3 ケーキ 1 つ。　　　　　　**4** サンドイッチ 1 つ。

解説　第 2 段落の 5 文目後半にある but she just bought a cup of tea から判断します。a cup of ～ は「1 杯の～」という意味です。ケーキとサンドイッチは looked nice「おいしそうだった」とありますが，買ってはいません。

(35) 解答 **3**

質問の訳　「スズは何時に家に帰りましたか」

1 10時に。　**2** 12時に。　**3** 2時に。　**4** 6時に。

go home は「家に帰る，帰宅する」という意味です。第3段落は At two o'clock で始まり，4文目に So, she went home. とあるので，2時に家に帰ったことがわかります。So「だから」は，カフェがたくさんの人たちで a little noisy「少し騒がしい」状態になってきたことを指しています。

リスニング	第**1**部	問題編 P84〜86	🔊 ▶MP3 ▶アプリ ▶CD 2 34〜44

［例題］解答 **3**

放送文
★：Hi, my name is Yuta.

☆：Hi, I'm Kate.

★：Do you live near here?

   1 I'll be there.　　　　**2** That's it.

   3 Yes, I do.

放送文の訳
★：「やあ，ぼくの名前はユウタだよ」

☆：「こんにちは，私はケイトよ」

★：「君はこの近くに住んでいるの？」

   1 私はそこへ行くわ。　　**2** それだけよ。

   3 ええ，そうよ。

No.1 解答 **1**

放送文
☆：Do you want to see a movie tomorrow?

★：Sure.

☆：Where will we meet?

   1 At my house.

   2 In the afternoon.

   3 Five dollars.

放送文の訳
☆：「明日，映画を見ない？」

★：「いいよ」

☆：「どこで会う？」

   1 ぼくの家で。

2 午後に。

3 5ドルだよ。

解 説　Do you want to ～? は「～したいですか，～しませんか」，see a movie は「映画を見る」という意味です。最後の質問は Where「どこで」で始まっていて2人がどこで会うかをたずねているので，my house「ぼくの家」と具体的な場所を答えている **1** が正解です。

No.2　解答 ①

放送文　☆：Did you live in America or Canada, Kenji?

★：In America.

☆：How long did you live there?

  1　For a year.

  2　No, thanks.

  3　At the airport.

放送文の訳　☆：「あなたはアメリカかカナダに住んでいたの，ケンジ？」

★：「アメリカだよ」

☆：「どれくらいの期間そこに住んでいたの？」

  1　1年間だよ。

  2　ううん，ありがとう。

  3　空港で。

解 説　ここでの How long は「どれくらいの期間」という意味で，there「そこに」は in America「アメリカに」ということです。For「～の間」で始めて a year「1年」と具体的な期間を答えている **1** が正解です。

No.3　解答 ②

放送文　☆：These all look delicious.

★：Let's buy some for dessert.

☆：How many can we get?

  1　I like chocolate.

  2　We can get four.

  3　A dollar and fifty cents.

放送文の訳　☆：「これらはみんなおいしそうね」

★：「デザートにいくつか買おう」

☆：「いくつ買っていい？」

 1 ぼくはチョコレートが好きだよ。

 2 4つ買っていいよ。

 3 1ドル50セントだよ。

解説 How many「いくつ」は数をたずねる表現で，女の子は dessert「デザート」をいくつ買っていいかたずねています。four「4つ」と個数を答えている **2** が正解です。look は「〜のように見える」，delicious は「おいしい」という意味です。

No.4 解答 **①**

放送文 ★：Let's go to the library.

 ☆：OK. We can ride our bikes.

 ★：My bike is at home.

  1 Let's walk, then.

  2 I like this book.

  3 The library is new.

放送文の訳 ★：「図書館へ行こうよ」

 ☆：「いいわよ。自転車に乗って行けるわ」

 ★：「ぼくの自転車は家にあるんだ」

  1 それなら歩いて行きましょう。

  2 私はこの本が好きよ。

  3 図書館は新しいわ。

解説 library「図書館」へ行く手段について，女の子の We can ride our bikes. に対して男の子は My bike is at home. と答えています。男の子の自転車が家にある（＝ここにはない）という状況を考えると，ふさわしい応答は Let's walk「歩いて行きましょう」と言っている **1** で，then「それなら」とは男の子の自転車が家にあるなら，ということです。

No.5 解答 **①**

放送文 ☆：Do you want anything else?

 ★：Yes, some French fries.

 ☆：Do you need some ketchup?

108

1 No, I'm all right.

2 It's blue.

3 Let's eat.

☆：「何かほかにご注文はございますか」

★：「はい，フライドポテトをお願いします」

☆：「ケチャップはお使いになりますか」

1 いいえ，だいじょうぶです。

2 それは青色です。

3 食べましょう。

解説 店員のDo you need ～？は「～が必要ですか，～をお使いになりますか」という意味で，French fries「フライドポテト」にketchup「ケチャップ」を使うかどうか男性にたずねています。この質問に対応した発話は**1**で，I'm all rightは「（ケチャップなしで）だいじょうぶです」ということです。

No.6 解答 ③

放送文 ☆：What are you watching?

★：A soccer game.

☆：When will it finish?

1 I like it very much.

2 My favorite player.

3 In 10 minutes.

放送文の訳 ☆：「何を見ているの？」

★：「サッカーの試合だよ」

☆：「それはいつ終わるの？」

1 ぼくはそれが大好きだよ。

2 ぼくの大好きな選手だよ。

3 10分後に。

解説 When will it finish?のitは男性がテレビで見ているsoccer game「サッカーの試合」のことで，それがいつ終わるかをたずねています。正解**3**のIn ～（時間）は「～後に」という意味で，時間の経過を表す用法です。

No. 7　解答 ③

放送文　☆：Did your son finish college?

　　　★：Yes, last year.

　　　☆：Did he become a teacher?

　　　　1　No, the homework is easy.

　　　　2　No, it's after school.

　　　　3　No, he's a nurse.

放送文の訳　☆：「あなたの息子さんは大学を卒業したの？」

　　　★：「うん，昨年に」

　　　☆：「先生になったの？」

　　　　1　ううん，その宿題は簡単だよ。

　　　　2　ううん，それは放課後だよ。

　　　　3　ううん，彼は看護師だよ。

解説　Did he become a teacher? の he は男性の son「息子」のことで，女性は男性の息子が先生になったかどうかたずねています。これに対して，先生ではなく nurse「看護師」になっていると答えている **3** が正解です。

No. 8　解答 ②

放送文　☆：Dad, can you come and pick me up?

　　　★：Sure.

　　　☆：I'll wait by the bank.

　　　　1　I got some money.

　　　　2　OK, see you there.

　　　　3　It was 20 minutes ago.

放送文の訳　☆：「お父さん，私を迎えに来てくれる？」

　　　★：「いいよ」

　　　☆：「銀行のそばで待っているわ」

　　　　1　いくらかお金をもらったよ。

　　　　2　わかった，そこで会おう。

　　　　3　それは 20 分前だよ。

解説　pick 〜 up は「（車で）〜を迎えに来る」という意味で，娘は父親に迎えに来てくれるように頼んでいます。娘は by the bank「銀

110

行のそばで」待っていると言っているので，see you there「そこ
で会おう」と答えている **2** が正解です。

No. 9　解答 ②

（放送文）★：Did you go skiing today?

　　　　☆：Yeah.

　　　　★：How was the weather in the mountains?

　　　　1　They were very tall.

　　　　2　It snowed a lot.

　　　　3　These skis are new.

（放送文の訳）★：「今日スキーに行ったの？」

　　　　☆：「そうよ」

　　　　★：「山の天気はどうだった？」

　　　　1　それらはとても高かったわ。

　　　　2　雪がたくさん降ったわ。

　　　　3　このスキーは新しいの。

（解　説）How was ～? は「～はどうでしたか」という意味で，男性は女性
に the weather in the mountains「山の天気」がどうだったか
たずねています。天気を答えているのは **2** で，snowed は snow
「雪が降る」の過去形，a lot は「たくさん」という意味です。

No. 10　解答 ③

（放送文）★：What are you reading?

　　　　☆：A mystery book.

　　　　★：Is it good?

　　　　1　No, you can't.

　　　　2　Right, it was yesterday.

　　　　3　Yeah, it's great.

（放送文の訳）★：「何を読んでいるの？」

　　　　☆：「ミステリーの本よ」

　　　　★：「それはおもしろい？」

　　　　1　ううん，あなたはできないわ。

　　　　2　そう，それは昨日だったわ。

　　　　3　うん，とてもおもしろいわ。

解説 女の子が読んでいる mystery book「ミステリーの本」について，男の子は Is it good?「それはおもしろい？」とたずねています。これに応じた発話になっているのは **3** で，ここでの great は「とてもおもしろい」という意味です。

No.11 解答 ②

放送文 ★：Do you have any brothers or sisters, Amy?

☆：Yes, I do, Brian. I have an older brother.

★：How old is he?

☆：Twenty. He goes to college now.

Question: Who are they talking about?

放送文の訳 ★：「兄弟か姉妹はいるの，エイミー？」

☆：「ええ，いるわよ，ブライアン。兄が1人いるわ」

★：「お兄さんは何歳なの？」

☆：「20歳よ。今，大学へ通っているわ」

質問の訳 「彼らはだれについて話していますか」

選択肢の訳 1 エイミーの姉［妹］。　　2 エイミーの兄。

3 ブライアンの姉［妹］。　　4 ブライアンの兄［弟］。

解説 エイミーは I have an older brother. と older brother「兄」が1人いることをブライアンに伝えています。その後の How old is he? の he と，He goes to college now. の He はいずれもエイミーの兄を指しているので，話題はエイミーの兄についてです。

No.12 解答 ③

放送文 ★：When will we meet Dad at the airport, Mom?

☆：At five.

★：OK.

☆：We'll go out for dinner after that.

Question: Where will they go first?

放送文の訳 ★：「ぼくたちはいつ空港でお父さんに会うの，お母さん？」

☆：「5時よ」

★：「わかった」

☆：「その後，夕食に出かけるわよ」

質問の訳　「彼らは最初にどこへ行きますか」

選択肢の訳
1　母親のオフィスへ。　　　　2　男の子の学校へ。
3　空港へ。　　　　　　　　　4　レストランへ。

解説　　質問にある first「最初に」に注意しましょう。男の子の When will we meet Dad at the airport, Mom? から，airport「空港」で父親に会うことがわかります。go out for dinner は「夕食に出かける」という意味で，after that は「その後」つまり「空港で父親に会った後」ということです。

No. 13　解答　①

放送文
☆：Oh no! There's no paper in the copy machine.

★：Isn't there more paper on the bookshelf?

☆：No, there isn't.

★：I'll order some.

Question: What is the woman's problem?

放送文の訳
☆：「あら，困ったわ！　コピー機に紙がないわ」

★：「本棚にもっと紙はない？」

☆：「ううん，ないわ」

★：「ぼくがいくらか注文するよ」

質問の訳　「女性の問題は何ですか」

選択肢の訳
1　紙がない。
2　男性が遅刻している。
3　彼女の電話が壊れている。
4　彼女はノートをなくした。

解説　　女性の problem「問題」が何であるかは，There's no paper in the copy machine. から判断します。There's は There is「〜がある」の短縮形で，There's no 〜 は「〜がまったくない」，copy machine は「コピー機」という意味です。会話から，bookshelf「本棚」にも予備の紙がないことがわかります。

113

No. 14 解答 ❷

放送文　☆：Are you on the badminton team at school?

★：Yes, Grandma.

☆：That's great.　Do you like it?

★：Yes.　We practice every day.

Question: What are they talking about?

放送文の訳　☆：「学校でバドミントンのチームに入っているの？」

★：「そうだよ，おばあちゃん」

☆：「それはすごいね。バドミントンは好きかい？」

★：「うん。ぼくたちは毎日練習するんだ」

質問の訳　「彼らは何について話していますか」

選択肢の訳
1　祖母の趣味。
2　男の子のバドミントンのチーム。
3　学校でのパーティー。
4　有名なバドミントンの選手。

解説　祖母の Are you on the badminton team at school? で話題が示されています。be on the ～ team は「～のチームに入っている」という意味です。We practice「ぼくたちは練習する」の We は，男の子が入っているバドミントンのチームのことです。

No. 15 解答 ❶

放送文　☆：That's a nice picture, Patrick.

★：Thanks, Ms. Clark.

☆：Why did you draw a plane?

★：I like planes because they're fast.

Question: Why does Patrick like planes?

放送文の訳　☆：「それはすてきな絵ね，パトリック」

★：「ありがとうございます，クラークさん」

☆：「どうして飛行機の絵を描いたの？」

★：「飛行機は速いので好きなんです」

質問の訳　「パトリックはなぜ飛行機が好きなのですか」

選択肢の訳
1　それらは速い。
2　それらは絵を描くのが簡単だ。

3 彼は旅行することが好きだ。

4 彼の父親がパイロットである。

解　説　最後の文の聞き取りがポイントです。I like planes「飛行機が好きだ」の理由は，その後の because「なぜなら」以下で they're fast と説明されています。they は planes を指していて，fast は「速い」という意味です。

No. 16 解答 3

放送文　☆：Let's go hiking on Saturday.

　　★：Sorry, I have to study.

　　☆：Can't you study on Sunday?

　　★：My aunt is going to take me shopping then.

　　Question: What will the boy do on Saturday?

放送文の訳　☆：「土曜日にハイキングに行きましょう」

　　★：「ごめん，勉強しなくちゃいけないんだ」

　　☆：「日曜日に勉強できないの？」

　　★：「その時はおばがぼくを買い物へ連れていってくれる予定なんだ」

質問の訳　「男の子は土曜日に何をしますか」

選択肢の訳　**1**　ハイキングに行く。　　**2**　おばを訪ねる。

　　3　勉強する。　　　　　　　　**4**　買い物に行く。

解　説　女の子の Let's go hiking on Saturday. という誘いに，男の子は Sorry, I have to study. と答えているので **3** が正解です。have to ～ は「～しなければならない」という意味です。最後の then「その時」は，その前の質問にある on Sunday を指しているので，shopping「買い物」するのは日曜日の予定です。

No. 17 解答 4

放送文　☆：Hi, Neil. How are you?

　　★：I'm fine today, but I had a cold last weekend.

　　☆：That's too bad. I had a cold last month, too.

　　★：Lots of people are sick now.

　　Question: When did the woman have a cold?

放送文の訳　☆：「こんにちは，ニール。元気？」

　　★：「今日は元気だけど，先週末は風邪をひいていたんだ」

☆：「それは大変だったわね。私も先月風邪をひいていたわ」

★：「今，具合の悪い人が多いね」

質問の訳 「女性はいつ風邪をひいていましたか」

選択肢の訳 1 昨日。　　2 先週末。　　3 2週間前。　4 先月。

解　説 ニールの I had a cold last weekend と，女性の I had a cold last month の2つの情報を混同しないように気をつけます。質問では女性についてたずねているので，**4** の Last month. が正解です。had は have の過去形で，have a cold で「風邪をひいている」という意味です。

No. 18 解答 ❶

放送文 ★：Did you enjoy your homestay with us?

☆：Of course. Thank you so much.

★：Send us an e-mail when you get back home.

☆：I will.

Question: What did the girl enjoy?

放送文の訳 ★：「私たちのところでのホームステイは楽しかった？」

☆：「もちろんです。どうもありがとうございました」

★：「家に帰ったら私たちに E メールを送ってね」

☆：「そうします」

質問の訳 「女の子は何を楽しみましたか」

選択肢の訳
1 ホームステイ。

2 コンピュータークラブ。

3 E メールを読むこと。

4 彼女の姉［妹］と話すこと。

解　説 Did you enjoy 〜? は「〜を楽しみましたか」という意味で，男性は女の子に homestay「ホームステイ」が楽しかったかどうかたずねています。これに対して，女の子は Of course.「もちろん」と答えているので，正解は **1** です。最後の I will.「そうします」は，家に帰ったら E メールを送るということです。

No. 19 解答 ❷

放送文 ★：Excuse me.

☆：Can I help you?

★：I'm looking for a jacket.

☆：Business clothes are on the second floor, and winter jackets are on the third.

Question: Where are they talking?

放送文の訳 ★：「すみません」

☆：「いらっしゃいませ」

★：「ジャケットを探しているのですが」

☆：「ビジネス用の服は2階に，冬物のジャケットは3階にございます」

質問の訳 「彼らはどこで話していますか」

選択肢の訳
1 スポーツクラブで。　　　　2 デパートで。
3 男性の家で。　　　　　　　4 女性の家で。

解　説 Can I help you?「いらっしゃいませ，ご用件をお伺いいたします」は，店員が客に話しかけるときの表現です。I'm looking for a jacket. から男性は jacket「ジャケット」を買いに来ていて，2人が話しているのは department store「デパート」だと推測できます。

No. 20 解答 ④

放送文 ☆：The test will begin at one thirty.

★：How long will it take, Mrs. Peterson?

☆：About 50 minutes.

★：Thank you.

Question: How long will the test take?

放送文の訳 ☆：「テストは1時30分に始まります」

★：「時間はどれくらいかかりますか，ピーターソン先生」

☆：「約50分よ」

★：「ありがとうございます」

質問の訳 「テストはどれくらいの時間がかかりますか」

選択肢の訳
1 約5分。　　2 約15分。　　3 約30分。　　4 約50分。

解　説 How long will it take, Mrs. Peterson? の take は「(時間が)かかる」という意味で，男の子はテストの所要時間をたずねています。この質問に，ピーターソン先生は About 50 minutes. と答

えています。50（＝fifty）と15（＝fifteen）を間違えないよう
注意しましょう。

No. 21 解答 **1**

放送文

Last night, I went to the baseball stadium with my father.
We watched a game. I was happy because I met my
favorite player.

Question: Why was the girl happy?

放送文の訳
「昨夜，私は父と野球場へ行きました。私たちは試合を見ました。
私の大好きな選手に会ったのでうれしかったです」

質問の訳
「女の子はなぜうれしかったのですか」

選択肢の訳
1 彼女は大好きな選手に会った。
2 彼女は野球をした。
3 彼女の親友が彼女を訪ねた。
4 彼女の父親が彼女を手伝った。

解説
父親といっしょに baseball stadium「野球場」へ行って game
「試合」を見たことについて話しています。I was happy の理由は，
その後の because 以下で I met my favorite player と説明され
ています。met は meet「〜に会う」の過去形です。

No. 22 解答 **3**

放送文

Last Saturday was my wife's birthday, so we went to a
nice restaurant. We had steak, and we ate cake, too. We
had a very good time.

Question: What did the man and his wife do last
Saturday?

放送文の訳
「先週の土曜日は私の妻の誕生日だったので，私たちはすてきなレ
ストランへ行きました。ステーキを食べて，ケーキも食べました。
私たちはとても楽しい時間を過ごしました」

質問の訳
「男性と彼の妻は先週の土曜日に何をしましたか」

選択肢の訳

1 彼らはケーキを作った。
2 彼らはプレゼントを探した。
3 彼らはレストランへ行った。
4 彼らはステーキを調理した。

解説

最初の文の後半 so we went to a nice restaurant に正解が含まれています。so「だから」は，先週の土曜日が my wife's birthday「私の妻の誕生日」だったので，ということです。1 の cake「ケーキ」や 4 の steak「ステーキ」はレストランで食べたものです。

No. 23 解答 ②

放送文

Bob really likes fruit. He eats a lot of oranges, apples, and bananas, but he likes strawberries the best.

Question: What is Bob's favorite fruit?

放送文の訳

「ボブはくだものがとても好きです。彼はたくさんのオレンジ，リンゴ，バナナを食べますが，イチゴがいちばん好きです」

質問の訳

「ボブのいちばん好きなくだものは何ですか」

選択肢の訳

1 オレンジ。　2 イチゴ。　3 バナナ。　4 リンゴ。

解説

質問の favorite「大好きな，いちばん好きな」に注意しましょう。oranges, apples, and bananas はボブがたくさん食べるくだものですが，he likes strawberries the best から 2 が正解です。like ～ the best は「～がいちばん好きだ」という意味です。

No. 24 解答 ③

放送文

My family and I visit my uncle every spring. We usually go by car or bus, but this spring, we're going to take the train.

Question: How will the boy go to his uncle's house this spring?

放送文の訳

「ぼくの家族とぼくは，毎年春におじを訪ねます。普段は車かバスで行きますが，今年の春は，電車に乗って行くつもりです」

質問の訳

「男の子は今年の春，どうやっておじの家へ行きますか」

選択肢の訳

1 バスで。　2 飛行機で。　3 電車で。　4 車で。

解説

We usually ～, but this spring, ...「私たちは普段～ですが，

119

今年の春は…」の流れに注意します。by car or bus「車かバスで」は普段おじのところへ行く手段で，this spring の後の we're going to take the train から **3** が正解です。

No. 25 解答 ④

放送文

I have a brown and white cat. It likes to play around the house. It's very cute, and everyone in my family loves it.

Question: What is the girl talking about?

放送文の訳
「私は茶色と白が混ざったネコを飼っています。そのネコは家のまわりで遊ぶことが好きです。とてもかわいくて，家族の全員がそのネコを大好きです」

質問の訳
「女の子は何について話していますか」

選択肢の訳
1　彼女の新しいゲーム。　　　　2　彼女の家。
3　彼女の大好きな色。　　　　　4　彼女のペット。

解説
最初の I have a brown and white cat. で話題が示されていて，その後の2つの文の主語 It と最後の it はいずれもそのネコを指しています。正解の **4** では，女の子が飼っているネコを放送文にはない pet「ペット」という語で表現しています。

No. 26 解答 ①

放送文

Billy has a big test tomorrow. He studied in the school library after school today, and then he studied at his friend's house.

Question: What will Billy do tomorrow?

放送文の訳
「ビリーは明日，大切なテストがあります。彼は今日の放課後に学校の図書館で勉強して，それから友だちの家で勉強しました」

質問の訳
「ビリーは明日何をしますか」

選択肢の訳
1　テストを受ける。　　　　　　2　友だちの家へ行く。
3　図書館で読書する。　　　　　4　何冊かの本を買う。

解説
最初の Billy has a big test tomorrow. から，ビリーは明日 a big test「大切なテスト」を受けることがわかります。今日すでにしたことである studied in the school library や studied at his friend's house を聞いて **3** や **2** を選んでしまわないように注

意します。

No. 27 解答 ②

放送文
Mary went shopping with her mother today. They bought some golf balls for Mary's father. Tomorrow is his birthday, and he loves golf.

Question: Who will have a birthday tomorrow?

放送文の訳
「メアリーは今日，母親といっしょに買い物に行きました。彼女たちはメアリーの父親にゴルフボールをいくつか買いました。明日は父親の誕生日で，彼はゴルフが大好きです」

質問の訳
「明日だれが誕生日を迎えますか」

選択肢の訳
1　メアリー。
2　**メアリーの父親。**
3　メアリーの母親。
4　メアリーの兄［弟］。

解説
Tomorrow is his birthday の his は，その前の文に出てくる Mary's father を指しています。明日はメアリーの父親の誕生日なので，bought some golf balls「ゴルフボールをいくつか買った」ということです。

No. 28 解答 ③

放送文
Amy bought a wedding present for her cousin yesterday. She wanted to send it this afternoon, but she was too busy. She'll take it to the post office tomorrow morning.

Question: When will Amy go to the post office?

放送文の訳
「エイミーは昨日，いとこに結婚のプレゼントを買いました。それを今日の午後に送りたかったのですが，彼女は忙しすぎました。彼女は明日の午前にそれを郵便局へ持っていくつもりです」

質問の訳
「エイミーはいつ郵便局へ行きますか」

選択肢の訳
1　今日の午前。
2　今日の午後。
3　**明日の午前。**
4　明日の午後。

解説
She wanted to send it this afternoon, but she was too busy. とあるので，2 は不正解です。最後の She'll take it to the post office tomorrow morning. に正解が含まれています。it は cousin「いとこ」に買った wedding present「結婚のプレゼント」のことです。

No. 29 解答 ②

放送文
Welcome to Mindy's. Today's lunch special is the cheeseburger with French fries and a drink. The soup of the day is tomato, and today's dessert is apple pie.

Question: Where is the woman talking?

放送文の訳
「ミンディーズへようこそ。本日のランチスペシャルは，フライドポテトとお飲み物付きのチーズバーガーです。本日のスープはトマトで，本日のデザートはアップルパイです」

質問の訳
「女性はどこで話していますか」

選択肢の訳
1 病院で。　　　　　　　　　　2 レストランで。
3 ガソリンスタンドで。　　　4 スーパーマーケットで。

解説
Welcome to ~ は「~へようこそ」という意味です。lunch special「ランチスペシャル」，soup「スープ」，dessert「デザート」の説明をしているので，女性が話している場所は restaurant「レストラン」であることが推測できます。

No. 30 解答 ④

放送文
Yuki will get up early tomorrow to take some pictures at the park. The flowers there look beautiful in the morning.

Question: Why will Yuki get up early tomorrow?

放送文の訳
「ユキは公園で写真を撮るために，明日早起きするつもりです。そこの花は，朝きれいに見えます」

質問の訳
「ユキは明日，なぜ早起きするのですか」

選択肢の訳
1 花を買うため。
2 公園へジョギングに行くため。
3 朝食を作るため。
4 写真を撮るため。

解説
get up は「起きる」という意味です。Yuki will get up early tomorrow の理由は，その後の to take some pictures at the park で説明されています。ここでの to ~ は，「~するために」という目的を表す用法です。2 文目の there は the park「公園」を指しています。

2019-1

筆記解答・解説　P124〜135

リスニング解答・解説　P136〜152

解答一覧

筆記

1
(1)	2	(6)	1	(11)	4
(2)	2	(7)	2	(12)	3
(3)	3	(8)	4	(13)	4
(4)	2	(9)	1	(14)	1
(5)	1	(10)	4	(15)	2

2
| (16) | 4 | (18) | 2 | (20) | 3 |
| (17) | 4 | (19) | 1 | | |

3
| (21) | 1 | (23) | 1 | (25) | 3 |
| (22) | 2 | (24) | 1 | | |

4 A
| (26) | 4 |
| (27) | 3 |

4 B
(28)	4
(29)	2
(30)	1

4 C
| (31) | 2 | (33) | 4 | (35) | 3 |
| (32) | 1 | (34) | 2 | | |

リスニング

第1部
No. 1	3	No. 5	2	No. 9	2
No. 2	2	No. 6	1	No.10	1
No. 3	1	No. 7	3		
No. 4	1	No. 8	3		

第2部
No.11	2	No.15	3	No.19	1
No.12	2	No.16	4	No.20	1
No.13	3	No.17	2		
No.14	1	No.18	4		

第3部
No.21	4	No.25	3	No.29	2
No.22	4	No.26	3	No.30	2
No.23	3	No.27	4		
No.24	1	No.28	1		

(1)　解答 2

訳　A「フランク，あなたのアパートにはいくつ部屋があるの？」
B「4つだよ。寝室，リビング，キッチン，それに浴室だよ」
1　学校　　　2　アパート　　3　競技場　　4　空港

解説　〈how many＋複数名詞〉「いくつの〜」は数をたずねる表現です。Bの応答のbedroom「寝室」やliving room「リビング，居間」などから，AがBにたずねているのはapartment「アパート」の部屋数です。

(2)　解答 2

訳　A「あら，キャシー。何か用？」
B「はい，ウィリアムズ先生。いくつか質問をしたいのですが」
1　描く　　　2　たずねる　　3　始める　　4　運転する

解説　Bの発話の最後にあるsome questions「いくつかの質問」とのつながりから，ask「（質問など）をたずねる」が正解です。〈ask＋（人）＋a question〉で「（人）に質問をする」という意味を表します。Can I help you? は相手に用件などをたずねる際に使う表現です。

(3)　解答 3

訳　A「おじいちゃん，おじいちゃんが小さいころ，ひまなときは何をしたの？」
B「釣りに行ったよ，サリー」
1　たくさんの　2　より少ない　3　ひまな　　4　短い

解説　空所の前のin yourと空所の後のtimeとのつながりから，free「ひまな，自由な」が正解です。in *one's* free time で「ひまな［時間がある］ときに」という意味です。

(4)　解答 2

訳　「姉［妹］と私は昨日，山へハイキングに行きました。私たちは5

124

時間歩いたので，とても疲れました」

1　役に立つ　　2　疲れた　　3　正しい　　4　長い

解説 2文目の後半が so「だから〜」で始まっていることから，We walked for five hours の結果が we were very（　　）である ことを理解します。「5時間歩いた」ので，tired「疲れた」とつな げるのが自然です。

(5)　解答 **1**

訳　「その公園は春になるととてもきれいです。多くの桜の木とたくさ んの花があります」

1　きれいな　　　　　　　　　2　用意ができて
3　短い　　　　　　　　　　　4　注意深い

解説 1文目の主語 The park「その公園」を説明する形容詞として適切 なのは，beautiful「きれいな，美しい」です。many と lots of はいずれも「多くの」，cherry trees は「桜の木」という意味です。

(6)　解答 **1**

訳　A「グレース，君を探していたんだ。どこにいたの？」
B「キッチンにいたわ」

1　(was looking for 〜で) 〜を探していた　　2　〜の
3　〜のそばに　　　　　　　　　　　　　　　4　〜から

解説 Where were you?「どこにいたの？」→ I was in the kitchen. 「キッチンにいたわ」というやりとりが続いているので，空所 に for を入れて「あなたを探していた」とするのが自然な流れです。

(7)　解答 **2**

訳　「ジョーンズさんはとても有名な歌手です。彼のコンサートにはい つもたくさんの人がいます」

1　遅れて　　2　有名な　　3　きれいな　　4　用意ができて

解説 空所の後の singer「歌手」とのつながりと，2文目の内容から， Mr. Jones は famous singer「有名な歌手」だと判断できます。 always は「いつも」という意味です。

(8) 解答 **4**

訳　A「ケビンの誕生日に何を買ってあげられるかな？」
　　B「私に考えがあるわ。あなたは彼を，彼のお気に入りのレストランへ連れて行くことができるわ」

1　会社　　　　　2　動物
3　目　　　　　　4　(have an idea で) 考えがある

解説　B の You can take him to ～「あなたは彼を～へ連れて行くことができる」は，ケビンの誕生日に何を買ったらいいかというA の質問に関する B の idea「考え，アイデア」です。have an idea で「考え［アイデア］がある」という意味です。

(9) 解答 **1**

訳　A「ヘンダーソンさんのことを聞いた？」
　　B「うん。彼は入院しているんだ」

1　(hear about ～で) ～について聞く
2　～といっしょに
3　～のまわりに
4　～の上に

解説　空所の前の hear とのつながりと，B が He's in the hospital. とヘンダーソンさんに関する情報を伝えていることから判断して，hear about ～「～について聞く」という表現にします。

(10) 解答 **4**

訳　A「遅れたくないんだ，ジェン。急いでね」
　　B「ちょっと待って，お父さん」

1　ほとんどの　2　最初の
3　より少ない　4　(Just a minute で) ちょっと待って

解説　2 人が出かけようとしている場面です。minute は「分」ですが，Just a minute で「ちょっと待って」という会話表現になります。hurry は「急ぐ」という意味です。

(11) 解答 **4**

訳 A「この海辺はとても人気があるね」
B「ええ。**ますます多くの**人が毎年ここへ来ているわ」

1 しかし　　　**2** または

3 ～なので　　**4**（More and more ～で）**ますます多くの～**

解説 空所の前後にある More と more をつなぐことができるのは and で，〈more and more ＋複数名詞〉で「ますます多くの～」という意味になります。here「ここへ」は This beach を指します。

(12) 解答 **3**

訳 A「それで，ジム。私たち明日は会えるの？」
B「うん。ぼくは明日でいいよ」

1 重い

2 暗い

3（～ is fine with me で）**私は～でかまわない**

4 雨の

解説 A は Can we meet tomorrow? と，B に明日会えるかどうかをたずねています。～ is fine with me は相手からの質問や提案に対して，「私は～でかまいません」と答える表現です。

(13) 解答 **4**

訳 「赤ちゃんが隣の部屋で寝ているので，**話すの**をやめて静かにしてください」

解説 stop は「～をやめる」という意味の動詞で，この後に動詞を続ける場合は名詞の働きをもつ動名詞（～ing の形）にする必要があるので，talking「話すこと」が正解です。

(14) 解答 **1**

訳 A「あなたのおじいさんは何時に**寝る**の？」
B「毎晩 10 時にだよ」

解説 A の発話では What time「何時に」の後に does が使われているので，〈does ＋主語＋動詞の原形（ここでは go）〉の形の疑問文にします。go to bed は「寝る」という意味です。

(15) 解答 2

「ルークとぼくは，学校でバスケットボールのチームに入っています」

解説 文の主語が Luke and I「ルークとぼくは」なので，この後の be 動詞は複数の主語のときに使う are になります。be on the ～ team は「～のチームに入っている」という意味です。

筆 記 **2** 問題編 P93～94

---

(16) 解答 4

訳 女性1「先週末，ブライソン湖のそばにあるイタリア料理のレストランへ行ったわ」

女性2「そこはどうだったの？」

女性1「すばらしかったわ。料理がとても気に入ったの」

1 それはいくらだったの？

2 あなたはどこへ行ったの？

3 あなたはだれといっしょだったの？

4 そこはどうだったの？

解説 女性1が先週末に行った the Italian restaurant「イタリア料理のレストラン」が話題です。この女性の It was wonderful. に対応する質問は，感想などをたずねる How was it?「そこ（イタリア料理のレストラン）はどうだった？」です。

(17) 解答 4

訳 女の子「デイビッド，今日私といっしょに映画を見に行ける？」

男の子「ううん，宿題をしないといけないんだ。また今度ね」

1 ぼくは映画を見に行きたいんだ。

2 1つ食べていいよ。

3 君はそこで勉強できるよ。

4 ぼくは宿題をしないといけないんだ。

解説 女の子の David, can you go to a movie with me today? という誘いに，男の子は No と答えています。空所に入るのは，その理由を説明している I have to do my homework. です。do *one's* homework は「宿題をする」という意味です。

(18) 解答 **2**

訳 息子「お母さん，カレーを作りたいんだ。ニンジンは何本あるの？」
母親「わからないわ。**キッチンを見てくるわね**」

1　もちろんよ。　　　　　　　2　**キッチンを見てくるわね。**
3　また後でね。　　　　　　　4　今日はこれで終わりよ。

解説 息子の How many carrots do we have? という質問に，母親は I'm not sure.「わからない」と答えています。この後に続くのは，carrots「ニンジン」が何本あるかを確認するために look in the kitchen「キッチンを見てくる」と言っている **2** です。

(19) 解答 **1**

訳 生徒1「今朝，新しく来た先生に会ったわ」
生徒2「**先生のことどう思う？**」
生徒1「とても親切よ。あなたは先生を好きになるでしょうね」

1　**彼をどう思う？**
2　彼の名前は何？
3　君は彼に何を言ったの？
4　今日ぼくたちは何を勉強するの？

解説 met は meet「〜に会う」の過去形で，生徒1が今朝会った the new teacher「新しく来た先生」が話題です。生徒1の He's very kind. につながる質問は **1** で，What do you think of 〜?「〜をどう思いますか」は何かに関する感想や印象などをたずねる表現です。

(20) 解答 **3**

訳 息子「ぼくの部屋を掃除したよ，お母さん」
母親「えらいわ！　とてもきれいになったわね」

1　あなたは終わらなかったわ。　2　あなたはそれを買えないわ。

3　とてもきれいになったわ。　　4　それは違う部屋にあるわ。

解　説
息子の I cleaned my room「自分の部屋を掃除した」という発話に，母親は Great job!「えらいわ！，よくやったわ！」と答えています。内容的にこれに続くのは **3** で，looks really nice は「とてもすてきに見える」，つまり「とてもきれいになった」ということです。

筆　記　**3**　｜　問題編 P94～95

(21)　解答　①

正しい語順　I (learned to cook from my) mother.

解　説　主語 I の後には，動詞の learned「～を学んだ」が続きます。learned の目的語になる部分は，不定詞〈to＋動詞の原形〉を使って to cook とします。これで「料理（すること）を学んだ」の意味になります。「母から」は「私の母から」と考えて，from my を文末の mother とつなげます。

(22)　解答　②

正しい語順　(Is Emily a member of the music club)?

解　説　「エミリーは～ですか」という疑問文なので，Is Emily ～ で始めます。「～のメンバー」は a member of ～ で，この後に「音楽部」を意味する the music club を続けます。

(23)　解答　①

正しい語順　(Who was speaking to you) in the classroom?

解　説　「～していたのはだれですか」は「だれが～していましたか」と考え，疑問詞の Who「だれ」で始めます。「～していた」は過去進行形〈was[were]＋動詞の～ing 形〉を使って，was speaking とします。この後に，「あなたに」を意味する to you を続けます。

(24)　解答　①

正しい語順　(How long does Chris study) in the evening?

| 解説 | 「どのくらい」は「どのくらいの時間」ということで，How long で表します。この後は，一般動詞のある疑問文の語順で，〈does＋主語（Chris）＋動詞の原形（study）〉となります。 |

(25) 解答 ③

| 正しい語順 | Hiroshi's (house is next to the flower shop). |
| 解説 | 最初に Hiroshi's「宏の」に house「家」をつなげて，主語となる「宏の家は」の部分を作ります。主語の後は，動詞の is がきます。「〜の隣」は next to 〜で表し，「〜」に the flower shop「花屋」を入れます。 |

| 筆 記 | # 4A | 問題編 P96〜97 |

| 全 訳 |

秋のセール

セオズ・ベーカリーでは 9 月 23 日から 10 月 7 日まで
秋のセールを行います。
サンドイッチは全品 2 割引になります。
クッキーは 1 袋 4 ドルになります。
各日とも最初の 30 名の方には，無料の飲み物を差し上げます。
セール期間中の営業時間は
午前 8 時から午後 6 時までとなります。
10 月 1 日は休業いたします。

(26) 解答 ④

質問の訳	「セールはいつ終わりますか」
選択肢の訳	1 9 月 20 日。 2 9 月 23 日。 3 10 月 1 日。 4 10 月 7 日。
解説	質問の end は「終わる」という意味の動詞です。sale「セール」の期間については，掲示の最初に Theo's Bakery will have an autumn sale from September 23 to October 7. と書かれています。つまり，セールの開始日は 9 月 23 日で，最終日は 10 月 7 日です。

(27) 解答 ③

質問の訳 「セールの期間中，各日とも最初の 30 名は何をもらえますか」

選択肢の訳
1　無料のサンドイッチ 1 つ。　　2　無料のクッキー 1 袋。
3　**無料の飲み物 1 本［杯］。**　　4　無料のパン 1 つ。

解説 the first 30 people とは，セール期間中の各日の最初に来店する 30 名のことです。その人たちが何をもらえるかは，掲示に The first 30 people each day will get a free drink. と書かれています。free は「無料の」，drink は「飲み物」という意味です。

筆記　4B　問題編 P98〜99

全訳

差出人：トーマス・マーフィー
受取人：ハナ・マーフィー
日付：11 月 3 日
件名：君とジャックの夕食

ハナへ，

お母さんとぼくは今夜遅くまで仕事をしなければならないので，夕食の時間は家にいないんだ。君と弟はだいじょうぶ？　君とジャックのピザを注文していいけど，サラダも買うんだよ。ぼくの机の中にいくらかお金があるよ。9 時ごろに家に帰るからね。

それでは，
父

差出人：ハナ・マーフィー
受取人：トーマス・マーフィー
日付：11 月 3 日
件名：ありがとう

お父さんへ，

E メールをありがとう。お父さんの机からお金をもらったわ。サラダを 1 つとピザを 2 枚注文するわね。ジャックと私が 1 枚食べて，もう 1 枚はお父さんとお母さんが帰ってきたら食べられるわ。私はアイスクリームも買いたいの。かまわない？　ところで，おばあ

ちゃんから電話があったわ。明日，折り返し電話をしてね。
それじゃ9時に，
ハナ

(28) 解答 **4**

質問の訳 「ハナとジャックが夕食にピザを食べる理由は」

選択肢の訳
1 ジャックの誕生日だから。
2 祖母が訪ねてくるから。
3 ハナが料理をするのが好きではないから。
4 **彼らの両親が遅くまで仕事をしなければならないから。**

解説 ハナの父親（Thomas Murphy）が書いた最初のEメールの1文目に，Mom and I have to work late tonight, so we won't be home for dinner. とあります。Mom and I はハナと弟ジャックの母親と父親，つまり their parents「彼らの両親」のことです。

(29) 解答 **2**

質問の訳 「ハナはどこで夕食のお金を手に入れましたか」

選択肢の訳
1 彼女の母親のかばんから。　　2 **彼女の父親の机から。**
3 彼女の祖母から。　　　　　　4 ジャックから。

解説 ハナが書いた2番目のEメールの2文目に，I got the money from your desk. とあります。got は get「～を手に入れる，得る」の過去形で，your desk は，父親への返信にあるので「父親の机」のことです。

(30) 解答 **1**

質問の訳 「ハナは何を買いたいですか」

選択肢の訳
1 **アイスクリーム。**　　　　2 飲み物。
3 新しい電話。　　　　　　　　4 祖母へのプレゼント。

解説 2番目のEメールの5文目にI want to get some ice cream, too. とあるので，ハナは父親から注文するように言われた pizza「ピザ」と salad「サラダ」以外に，アイスクリームも欲しいと思っていることがわかります。この get は質問の buy と同じ意味で使われています。

全　訳　　　　　　　　　　ミンディーのピクニック

　　ミンディーは14歳で，ニューヨーク市に住んでいます。6月の
ある日，彼女の父親は，「ピクニックに行こう」と言いました。翌
日，2人は朝早くにサンドイッチを作りました。それから，2人は
車で市の外に出かけました。

　　2時間運転して，川を見つけました。川の近くにはたくさんの木
や花がありました。ピクニック用のテーブルもありましたが，だれ
もいませんでした。2人が車から降りたときは晴れていました。で
も寒かったので，彼らは驚きました。景色がとてもすてきだったの
で，2人は昼食前に川のそばを散歩しました。30分後，2人はお
腹がすいたので，テーブルの1つに座って食べました。

　　食べ終わった後，2人はくつろぎたいと思いました。ミンディー
の父親は本を読みたかったのですが，寒すぎました。そこで彼らは
家に帰りました。2人はもっと暖かい日に，また川のそばでピクニ
ックをしたいと思っています。

(31) 解答 **2**

質問の訳　「ミンディーと父親は朝早くに何をしましたか」

選択肢の訳
1　彼らは花を見た。
2　彼らはサンドイッチを作った。
3　彼らは泳ぎに行った。
4　彼らは車で本屋へ行った。

解　説　質問の early in the morning「朝早く」に注目します。同じ表現
が含まれている第1段落の3文目に，The next day, they made
sandwiches early in the morning. とあります。made は make
「〜を作る」の過去形，sandwich(es) は「サンドイッチ」です。

(32) 解答 **1**

質問の訳　「川の近くにあったのは」

選択肢の訳
1　たくさんの木や花。　　　　　2　たくさんの人。

3 何匹かの動物。　　　　　　**4** いくつかの店。

解説
第2段落の2文目に，There were a lot of trees and flowers near the river. とあります。There were ～は「～があった」，a lot of ～は「たくさんの～」という意味です。

(33) 解答 **4**

質問の訳「ミンディーと父親はなぜ驚いたのですか」

選択肢の訳
1 川がきれいではなかった。

2 サンドイッチがおいしくなかった。

3 雨が降っていた。

4 寒かった。

解説
surprised は「驚いて」という意味です。2人が驚いた理由は，第2段落の5文目 But it was cold, so they were surprised. で説明されています。～, so …「～（理由・原因），だから…（結果）」の用法に注意しましょう。

(34) 解答 **2**

質問の訳「ミンディーと父親はいつ散歩に行きましたか」

選択肢の訳
1 朝早くに。　　　　　　**2** 彼らが昼食を食べる前に。
3 彼らが昼食を食べた後に。　**4** 彼らが本を読んだ後に。

解説
第2段落の6文目後半に，…, so they took a walk by the river before lunch と書かれています。took は take の過去形で，take a walk「散歩に行く」は質問の go for a walk と同じ意味です。正解 **2** の ate は eat「～を食べる」の過去形です。

(35) 解答 **3**

質問の訳「ミンディーと父親は昼食後に何をしましたか」

選択肢の訳
1 彼らはデザートを食べた。　**2** 彼らは川で泳いだ。
3 彼らは家に帰った。　　　　**4** 彼らは買い物に行った。

解説
昼食後のことについては，After they finished eating で始まる第3段落に書かれています。その3文目の So, they went home. から，**3** が正解です。So「だから」はその前の it was too cold を受けていて，「寒すぎたので」ということです。

135

[例題] 解答 **3**

放送文　★：Hi, my name is Yuta.

☆：Hi, I'm Kate.

★：Do you live near here?

1　I'll be there.　　　　**2**　That's it.

3　Yes, I do.

放送文の訳　★：「やあ，ぼくの名前はユウタだよ」

☆：「こんにちは，私はケイトよ」

★：「君はこの近くに住んでいるの？」

1　私はそこへ行くわ。　　　**2**　それだけよ。

3　ええ，そうよ。

No.**1**　解答 **3**

放送文　☆：I have some news.

★：What is it?

☆：A student from Italy will come next week.

1　I don't know.

2　I like my teacher.

3　That's exciting.

放送文の訳　☆：「ちょっと知らせたいことがあるの」

★：「何だい？」

☆：「来週，イタリアから生徒が来るのよ」

1　ぼくは知らないよ。

2　ぼくは先生が好きだよ。

3　それはわくわくするね。

解　説　　女の子の some news「知らせ」の具体的な内容が，A student from Italy will come next week. です。Italy「イタリア」から生徒が来ることを聞いた応答として適切なのは，exciting「わくわくする」と言っている **3** です。

No. 2　解答 ②

放送文 ★：What are you doing?

☆：I'm looking for my pen.

★：Did you look in your desk?

　　1　The desk is new.

　　2　Yes, but it's not there.

　　3　I bought it yesterday.

放送文の訳 ★：「何をしているの？」

☆：「私のペンを探しているの」

★：「机の中は見た？」

　　1　その机は新しいわ。

　　2　ええ，でもそこにはないの。

　　3　私は昨日それを買ったの。

解　説　I'm looking for ～は「～を探しています」という意味で，女性が my pen「私のペン」を探しています。Did you look in ～?「～の中を見ましたか」に対応しているのは **2** で，見たけれども it's not there「それ（ペン）はそこにない」と答えています。

No. 3　解答 ①

放送文 ☆：Where were you, Tom?

★：I went to the department store.

☆：What did you get?

　　1　Some shoes.

　　2　This afternoon.

　　3　By car.

放送文の訳 ☆：「どこにいたの，トム？」

★：「デパートへ行ったんだ」

☆：「何を買ったの？」

　　1　くつだよ。

　　2　今日の午後だよ。

　　3　車でだよ。

解　説　department store「デパート」へ行ったというトムに，女性は What did you get? とたずねています。ここでの get は buy と

同じで，「～を買う」という意味で使われています。shoes「くつ」と具体的に買った物を答えている**1**が正解です。

No.4 解答 ①

放送文 ★：It's very cloudy.

☆：You're right.

★：We should take an umbrella.

1 Yeah, let's do that.

2 Yes, you are.

3 At home.

放送文の訳 ★：「とても曇っているね」

☆：「そうね」

★：「かさを持って行ったほうがいいね」

1 ええ，そうしましょう。

2 ええ，あなたはそうよ。

3 家にね。

解 説 男性の We should ～は「（私たちは）～したほうがいい」という意味です。umbrella「かさ」を持って行ったほうがいいという発話に対応しているのは**1**で，do that「そうする」とは take an umbrella「かさを持って行く」ということです。

No.5 解答 ②

放送文 ☆：How was your trip to Guam?

★：It was fun.

☆：When did you get back?

1 At the beach.

2 Yesterday.

3 With my wife.

放送文の訳 ☆：「グアムへの旅行はどうだった？」

★：「楽しかったよ」

☆：「いつ戻ってきたの？」

1 海辺でだよ。

2 昨日だよ。

3 ぼくの妻といっしょにだよ。

138

男性の trip to Guam「グアムへの旅行」が話題です。女性は When did you get back? と聞いているので，旅行から戻ってきたときを Yesterday. と答えている **2** が正解です。

No.6　解答 ①

放送文　☆：Your steak looks good.

★：It is. Do you want some?

☆：Yes, please.

　1　Here you are.

　2　With rice.

　3　Me, too.

放送文の訳　☆：「あなたのステーキはおいしそうね」

★：「おいしいよ。少し欲しい？」

☆：「ええ，お願い」

　1　はい，どうぞ。

　2　ごはんといっしょに。

　3　ぼくもだよ。

解　説　男性の Do you want some? は，女性に自分の steak「ステーキ」を食べたいかたずねた質問です。これに女性は Yes, please. と答えているので，相手に何かを差し出すときの表現である **1** の Here you are. が正解です。

No.7　解答 ③

放送文　☆：How was the speech contest?

★：I was nervous, but I did well.

☆：How many people were there?

　1　Maybe next time.

　2　I went there before.

　3　Almost 200.

放送文の訳　☆：「スピーチコンテストはどうだった？」

★：「緊張したけど，うまくできたよ」

☆：「何人いたの？」

　1　また今度。

　2　ぼくは以前そこへ行ったよ。

3　だいたい 200 人だよ。

解説

〈How many+複数名詞〉は数をたずねる表現で，ここでは the speech contest「スピーチコンテスト」に何人いたかを聞いています。具体的に 200 という数を答えている **3** が正解です。Almost は「だいたい〜」という意味です。

No. 8　解答 **3**

放送文
★：What's that?

☆：Some candy.

★：Can I have some?

　1　In my bag.

　2　For my mother.

　3　Sure.

放送文の訳
★：「それは何？」

☆：「キャンディーよ」

★：「少し食べてもいい？」

　1　私のかばんの中よ。

　2　私の母になの。

　3　いいわよ。

解説

男の子の Can I 〜? は「〜してもいいですか」という意味で，女の子に some（candy）を食べていいかたずねています。これに対する適切な応答は **3** で，Sure.「はい，いいですよ」は依頼や申し出などに応じるときの表現です。

No. 9　解答 **2**

放送文
☆：Matt, your grandparents are going to come tomorrow.

★：Really?

☆：Yes. Clean your room, please.

　1　That's mine.

　2　All right.

　3　It's near here.

放送文の訳
☆：「マット，おじいちゃんとおばあちゃんが明日来るわよ」

★：「本当？」

☆：「ええ。自分の部屋を掃除してね」

1 それはぼくのだよ。

2 わかった。

3 それはここの近くだよ。

解 説

マットは女性から Clean your room, please. と言われているので，相手からの指示などに応じる **2** の All right.「わかりました」が正解です。grandparents は「祖父母」という意味です。

No.10 解答 ①

放送文

☆：Do you study Korean?

★：Yes. Every day.

☆：Can you read a Korean newspaper?

    1 No, not really.

    2 Right, it's mine.

    3 Well, a little Chinese.

放送文の訳

☆：「あなたは韓国語を勉強しているの？」

★：「うん。毎日」

☆：「韓国語の新聞を読める？」

    1 ううん，そういうわけではないんだ。

    2 そう，それはぼくのものだよ。

    3 ええと，中国語を少し。

解 説

Can you read a Korean newspaper? は，a Korean newspaper「韓国語の新聞」を読めるかどうかたずねた質問です。これに対応した発話になっているのは **1** で，No の後の not really は「そうでもない」という意味です。

No.**11** 解答 **②**

放送文 ☆：Greg, is this blue pencil case yours?

★：No, mine is black, Ms. Jones.

☆：Is it Jim's?

★：No, his is red.

Question: What color is Greg's pencil case?

放送文の訳 ☆：「グレッグ，この青い筆箱はあなたのもの？」

★：「いいえ，ぼくのは黒です，ジョーンズ先生」

☆：「これはジムのものかしら？」

★：「いいえ，彼のは赤です」

質問の訳 「グレッグの筆箱は何色ですか」

選択肢の訳 **1** 青。   **2** 黒。   **3** 赤。   **4** 白。

解説 Greg, is this blue pencil case yours? にグレッグは No と答えているので，**1** は不正解です。その後の mine（＝my pencil case）is black から，**2** が正解です。**3** の Red. はジムの筆箱の色です。

No.**12** 解答 **②**

放送文 ☆：Let's go to the movies.

★：No, I don't want to.

☆：How about the park, then?

★：OK, that sounds like fun.

Question: Where will they go?

放送文の訳 ☆：「映画を見に行きましょう」

★：「いや，ぼくは行きたくないな」

☆：「それなら，公園はどう？」

★：「いいよ，それは楽しそうだね」

質問の訳 「彼らはどこへ行きますか」

選択肢の訳 **1** 映画へ。   **2** 公園へ。

3 男の子の家へ。   **4** 女の子の家へ。

| 解 説 |

Let's ～は「～しましょう」と相手を誘う<ruby>表現<rt>ひょうげん</rt></ruby>，How about ～? は「～はどうですか」と<ruby>提案<rt>ていあん</rt></ruby>する<ruby>表現<rt>ひょうげん</rt></ruby>です。go to the movies 「<ruby>映画<rt>えいが</rt></ruby>を<ruby>見<rt>み</rt></ruby>に<ruby>行<rt>い</rt></ruby>く」という<ruby>誘<rt>さそ</rt></ruby>いに<ruby>男<rt>おとこ</rt></ruby>の<ruby>子<rt>こ</rt></ruby>は No と言っていますが，park「<ruby>公園<rt>こうえん</rt></ruby>」という<ruby>提案<rt>ていあん</rt></ruby>には OK と<ruby>答<rt>こた</rt></ruby>えています。

No. 13 解答 **3**

| 放送文 |
☆ : Dad, when does the next bus come?

★ : At 7:30.

☆ : What time is it now?

★ : 7:10. We have to wait for 20 minutes.

Question: What time is the next bus?

| 放送文の訳 |
☆ :「お<ruby>父<rt>とう</rt></ruby>さん，<ruby>次<rt>つぎ</rt></ruby>のバスはいつ<ruby>来<rt>く</rt></ruby>るの？」

★ :「7<ruby>時<rt>じ</rt></ruby>30<ruby>分<rt>ぷん</rt></ruby>だよ」

☆ :「<ruby>今<rt>いま</rt></ruby>は<ruby>何時<rt>なんじ</rt></ruby>？」

★ :「7<ruby>時<rt>じ</rt></ruby>10<ruby>分<rt>ぷん</rt></ruby>。20<ruby>分<rt>ぷん</rt></ruby><ruby>待<rt>ま</rt></ruby>たないといけないんだ」

| 質問の訳 |
「<ruby>次<rt>つぎ</rt></ruby>のバスは<ruby>何時<rt>なんじ</rt></ruby>ですか」

| 選択肢の訳 |
1 7<ruby>時<rt>じ</rt></ruby>10<ruby>分<rt>ぷん</rt></ruby>に。　　　　2 7<ruby>時<rt>じ</rt></ruby>20<ruby>分<rt>ぷん</rt></ruby>に。

3 7<ruby>時<rt>じ</rt></ruby>30<ruby>分<rt>ぷん</rt></ruby>に。　　　　4 7<ruby>時<rt>じ</rt></ruby>40<ruby>分<rt>ぷん</rt></ruby>に。

| 解 説 |

<ruby>女<rt>おんな</rt></ruby>の<ruby>子<rt>こ</rt></ruby>の Dad, when does the next bus come? に，<ruby>父親<rt>ちちおや</rt></ruby>は At 7:30（＝seven thirty）と<ruby>答<rt>こた</rt></ruby>えています。7:10（＝seven ten）は<ruby>現在<rt>げんざい</rt></ruby>の<ruby>時刻<rt>じこく</rt></ruby>なので，1 を<ruby>選<rt>えら</rt></ruby>ばないように<ruby>注意<rt>ちゅうい</rt></ruby>しましょう。

No. 14 解答 **1**

| 放送文 |
☆ : How is your sister, Jack?

★ : She's fine, Ms. Roberts. She really likes her college.

☆ : What is she studying?

★ : History. She wants to be a teacher.

Question: What are they talking about?

| 放送文の訳 |
☆ :「あなたのお<ruby>姉<rt>ねえ</rt></ruby>さんはどうしてる，ジャック？」

★ :「<ruby>元気<rt>げんき</rt></ruby>です，ロバーツさん。<ruby>姉<rt>あね</rt></ruby>は<ruby>自分<rt>じぶん</rt></ruby>の<ruby>大学<rt>だいがく</rt></ruby>がとても<ruby>気<rt>き</rt></ruby>に<ruby>入<rt>い</rt></ruby>っています」

☆ :「<ruby>彼女<rt>かのじょ</rt></ruby>は<ruby>何<rt>なに</rt></ruby>を<ruby>勉強<rt>べんきょう</rt></ruby>しているの？」

★ :「<ruby>歴史<rt>れきし</rt></ruby>です。<ruby>姉<rt>あね</rt></ruby>は<ruby>先生<rt>せんせい</rt></ruby>になりたいんです」

| 質問の訳 |
「<ruby>彼<rt>かれ</rt></ruby>らは<ruby>何<rt>なに</rt></ruby>について<ruby>話<rt>はな</rt></ruby>していますか」

1 ジャックの姉。

2 ジャックのいちばん好きな科目。

3 ジャックの歴史のテスト。

4 ジャックの学校。

解説 How is ～? は「～はどうですか」という意味で，ここでは your sister，つまりジャックの姉の様子をたずねています。これ以降の she はすべて，話題の中心であるジャックの姉を指しています。

No. 15 解答 **3**

放送文 ☆：Can you bring some juice to the picnic?

★：Sure.

☆：I'll bring some sandwiches, and Lisa will bring a salad.

★：OK. See you tomorrow.

Question: What will the boy bring to the picnic?

放送文の訳 ☆：「ピクニックにジュースを持ってきてくれる？」

★：「いいよ」

☆：「私はサンドイッチを持ってきて，リサはサラダを持ってくるわ」

★：「わかった。それじゃ，明日」

質問の訳 「男の子はピクニックに何を持っていきますか」

選択肢の訳 1 サラダ。　　　　　　2 デザート。

3 ジュース。　　　　　4 サンドイッチ。

解説 Can you ～?「～してくれますか」は相手に何かを依頼する表現で，女の子から juice「ジュース」を持ってくるように言われた男の子は，Sure.「いいよ」と答えています。**1** の salad「サラダ」はリサ，**4** のsandwiches「サンドイッチ」は会話をしている女の子が持ってくるものです。

No. 16 解答 **4**

放送文 ☆：Takumi, you speak English very well.

★：Thank you, Alicia.

☆：How long did you live in Canada?

★：Six years. I came back to Japan three months ago.

Question: How long did Takumi live in Canada?

放送文の訳 ☆：「タクミ，あなたは英語をとてもじょうずに話すわね」

★：「ありがとう，アリシア」

☆：「カナダにどれくらいの期間住んでいたの？」

★：「6年。3カ月前に日本へ戻ってきたんだ」

質問の訳 「タクミはカナダにどれくらいの期間住んでいましたか」

選択肢の訳 **1** 3カ月間。　**2** 6カ月間。　**3** 3年間。　**4** 6年間。

解　説 How long は「どれくらいの期間」という意味で，女の子から Canada「カナダ」に住んでいた期間をたずねられたタクミは Six years. と答えています。three months ago「3カ月前に」は，タクミが日本に戻ってきた時です。

No.17 解答 **2**

放送文 ☆：What will we do in science class today?

★：We'll watch a movie.

☆：What is it about?

★：Animals in Australia.

Question: What will they do today?

放送文の訳 ☆：「今日の理科の授業では何をするの？」

★：「映画を見るよ」

☆：「それは何の映画？」

★：「オーストラリアの動物だよ」

質問の訳 「彼らは今日，何をしますか」

選択肢の訳 **1** オーストラリアの料理を食べる。

2 映画を見る。

3 動物園を訪れる。

4 科学博物館へ行く。

解　説 今日の science class「理科の授業」で何をするのかたずねられた男の子は，We'll watch a movie. と答えています。We'll は We will「私たちは〜します」の短縮形です。

No.18 解答 **4**

放送文 ☆：Hello?

★：Hello, Mrs. Williams. It's Scott. Is Jeff home?

☆：No, Scott. He's at baseball practice.

★：OK, I'll call back later.

Question: Who will call back later?

放送文の訳
☆：「もしもし？」

★：「もしもし，ウィリアムズさん。スコットです。ジェフは家_{いえ}にいますか」

☆：「いいえ，スコット。野球_{やきゅう}の練習_{れんしゅう}に行_いっているわ」

★：「わかりました，後_{あと}でかけ直_{なお}します」

質問の訳　「だれが後_{あと}で電話_{でんわ}をかけ直_{なお}しますか」

選択肢の訳
1 ウィリアムズさん。　　**2** ジェフ。
3 スコットの野球_{やきゅう}コーチ。　**4** スコット。

解　説　スコットとウィリアムズさんとの電話_{でんわ}での会話_{かいわ}です。最後_{さいご}の I'll call back later. は，ジェフが baseball practice「野球_{やきゅう}の練習_{れんしゅう}」でいないとわかったスコットの発話_{はつわ}です。call back は「電話_{でんわ}をかけ直_{なお}す」という意味_{いみ}です。

No. 19　解答 ❶

放送文
☆：Excuse me, could I have these roses, please?

★：Sure. Are they a present?

☆：Yes, for my mother's birthday.

★：That's nice of you.

Question: What is the girl doing?

放送文の訳
☆：「すみません，このバラをいただけますか」

★：「かしこまりました。プレゼントですか」

☆：「はい，私_{わたし}の母_{はは}の誕生日用_{たんじょうびよう}です」

★：「（あなたは）やさしいですね」

質問の訳
「女_{おんな}の子_こは何_{なに}をしていますか」

選択肢の訳
1 プレゼントを買_かっている。　**2** 母親_{ははおや}を手伝_{てつだ}っている。
3 パーティーへ向_むかっている。　**4** 公園_{こうえん}の中_{なか}を歩_{ある}いている。

解　説　客_{きゃく}の女性_{じょせい}と店員_{てんいん}の男性_{だんせい}との会話_{かいわ}です。女性_{じょせい}が買_かおうとしている roses「バラ」について，店員_{てんいん}は Are they a present? とたずねています。女性_{じょせい}は Yes, for my mother's birthday. と答_{こた}えているので，母親_{ははおや}の誕生日_{たんじょうび}プレゼントにバラを買_かっていることがわかります。

No. 20 解答 **1**

放送文 ★：Mom, can I use your camera at the festival tonight?

☆：Why?

★：I want to take pictures for the school newspaper.

☆：OK, but be careful.

Question: What does the boy want to do?

放送文の訳 ★：「お母さん，今夜のお祭りでお母さんのカメラを使ってもいい？」

☆：「どうして？」

★：「学校新聞用に写真を撮りたいんだ」

☆：「わかったわ，でも気をつけてね」

質問の訳 「男の子は何をしたいですか」

選択肢の訳
1 母親のカメラを使う。 　　 **2** 絵を描く。
3 学校へ歩いて行く。 　　 **4** 新聞を読む。

解　説 Can I ～? は「～してもいいですか」という意味で，相手の許可を求めるときの表現です。男の子は今夜の festival「お祭り」で use your camera「あなた（＝お母さん）のカメラを使う」ことについて許可を求めています。

19年度第1回　リスニング

147

No. 21 解答 4

放送文

My father is a pilot. He flies a big airplane. He always sends me postcards from many different countries.

Question: What is the boy talking about?

放送文の訳

「ぼくの父はパイロットです。父は大きな飛行機を操縦します。父はいつも，いろいろな国からぼくにはがきを送ってくれます」

質問の訳

「男の子は何について話していますか」

選択肢の訳

1　彼の旅行。　　　　　　　　2　彼のお気に入りのおもちゃ。
3　彼の仕事。　　　　　　　　4　彼の父親。

解説

My father is a pilot. で始まる英文で，pilot「パイロット」である父親の仕事や，父親が自分に何をしてくれるかについて説明しています。〈send(s) + (人) + (物)〉は「(人) に (物) を送る」，postcard(s)は「はがき」という意味です。

No. 22 解答 4

放送文

On Sundays, I clean the house with my family. I wash the windows. My brother cleans the bathroom, and my sister cleans the living room.

Question: Who cleans the bathroom?

放送文の訳

「毎週日曜日に，私は家族といっしょに家を掃除します。私は窓を洗います。兄［弟］は浴室を掃除し，姉［妹］はリビングを掃除します」

質問の訳

「だれが浴室を掃除しますか」

選択肢の訳

1　女の子。　　　　　　　　2　女の子の母親。
3　女の子の姉［妹］。　　　　4　女の子の兄［弟］。

解説

毎週日曜日に家族と行う掃除が話題です。I → wash the windows「窓を洗う」，My brother → cleans the bathroom「浴室を掃除する」，my sister → cleans the living room「リビングを掃除する」の各情報をきちんと聞き分けましょう。

No. 23 解答 3

放送文
Asami will go to Europe.　She will spend five days in London and then go to Paris.　She'll stay there for three days.

Question: How many days will Asami be in London?

放送文の訳
「アサミはヨーロッパへ行きます。彼女はロンドンで5日間過ごし，それからパリへ行きます。パリには3日間滞在する予定です」

質問の訳
「アサミは何日間ロンドンにいますか」

選択肢の訳　**1**　3日間。　　**2**　4日間。　　**3**　5日間。　　**4**　6日間。

解説
She will spend five days in London に正解が含まれています。spend は「（時）を過ごす」という意味です。最後の She'll stay there for three days. の there は，ロンドンの後に行く Paris「パリ」のことなので，**1** は不正解です。

No. 24 解答 1

放送文
I usually make sandwiches for lunch.　But today, I went to a Chinese restaurant with my friend.　I had chicken and rice.

Question: What does the woman usually have for lunch?

放送文の訳
「私は普段昼食にサンドイッチを作ります。でも今日は，友だちといっしょに中華料理のレストランへ行きました。私はチキンとごはんを食べました」

質問の訳
「女性は普段昼食に何を食べますか」

選択肢の訳　**1**　サンドイッチ。　　　**2**　スープ。

3　ごはん。　　　　　　**4**　チキン。

解説
最初の I usually make sandwiches for lunch. から判断します。But today「でも今日は」で始まる2文目以降では今日食べた昼食のことが説明されていますが，質問には usually「普段」があるので混乱しないようにしましょう。

No. 25 解答 3

放送文
Keiko's best friend Yuka lives in California.　Yuka's father works there.　Keiko writes to Yuka every week, and sometimes they talk on the phone.

Question: What does Keiko do every week?

放送文の訳 「ケイコの親友のユカはカリフォルニアに住んでいます。ユカの父親がそこで仕事をしているのです。ケイコは毎週ユカに手紙を書き，時々2人は電話で話します」

質問の訳 「ケイコは毎週何をしますか」

選択肢の訳
1 彼女は父親に電話する。　　2 彼女は父親を手伝う。
3 彼女はユカに手紙を書く。　4 彼女はユカの家を訪ねる。

解説 Keiko writes to Yuka every week の聞き取りがポイントです。write(s) to ～は「～に手紙を書く」という意味です。sometimes they talk on the phone の sometimes は「時々」，they はケイコとユカを指しています。

No. 26 解答 ③

放送文 Welcome to Kennedy Town Fair. The flower contest is from ten to eleven. The horse races will start at one. Don't miss the fireworks at seven o'clock tonight.

Question: What time will the horse races start?

放送文の訳 「ケネディータウンフェアーへようこそ。花のコンテストは10時から11時までです。競馬は1時に始まります。今夜7時の花火をお見逃しなく」

質問の訳 「競馬は何時に始まりますか」

選択肢の訳
1 10時に。　2 11時に。　3 1時に。　4 7時に。

解説 Welcome to ～「～へようこそ」で始まる Kennedy Town Fair という催しの案内です。The horse race will start at one. から，3 が正解です。The flower contest → from ten to eleven, the fireworks → at seven o'clock の情報と混同しないように注意します。

No. 27 解答 ④

放送文 Jane loves animals, but she can't have a cat or dog in her apartment. Her parents bought her a turtle for her birthday. She loves it.

Question: What kind of pet does Jane have?

放送文の訳 「ジェーンは動物が大好きですが，彼女のアパートではネコや犬を

飼うことができません。両親は誕生日に彼女にカメを買ってくれました。彼女はそれをとても気に入っています」

質問の訳 「ジェーンはどんな種類のペットを飼っていますか」

選択肢の訳 **1** 犬。　　**2** ネコ。　　**3** 魚。　　**4** カメ。

解　説 she can't have a cat or dog in her apartment から，**1** や **2** は不正解です。その後の，Her parents bought her a turtle for her birthday. に正解が含まれています。bought は buy の過去形で，〈buy ＋（人）＋（物）〉で「（人）に（物）を買う」という意味です。

No. 28 解答 ①

放送文 I had lunch at my favorite restaurant today.　They sell many desserts, but they don't have ice cream.　I ate some chocolate pie.　Next time, I'll try the cake.

Question: Which dessert did the woman have today?

放送文の訳 「私は今日，お気に入りのレストランで昼食を食べました。そこではたくさんのデザートを売っていますが，アイスクリームはありません。私はチョコレートパイを食べました。次回は，ケーキを食べてみようと思います」

質問の訳 「女性は今日，どのデザートを食べましたか」

選択肢の訳 **1** チョコレートパイ。　　　**2** クッキー。
3 アイスクリーム。　　　**4** チョコレートケーキ。

解　説 今日行った my favorite restaurant「私のお気に入りのレストラン」が話題です。they don't have ice cream とあるので **3** は不正解で，その後の I ate some chocolate pie から **1** が正解です。ate は eat「～を食べる」の過去形です。

No. 29 解答 ②

放送文 I'm looking for my phone.　It's not in my car.　I looked all around the house, but I can't find it.

Question: What is the man's problem?

放送文の訳 「私は自分の電話を探しています。私の車の中にはありません。家のいたるところを見ましたが，それを見つけることができません」

質問の訳 「男性の問題は何ですか」

19 年度第1回　リスニング

1 彼は自分の車のカギが見つからない。
2 彼は自分の電話が見つからない。
3 彼の車が故障している。
4 彼の家が寒い。

解　説　最初の I'm looking for my phone. と最後の but I can't find it から，電話を探しているが見つからないことが男性の problem 「問題」だとわかります。I'm looking for ～は「～を探している」，all around ～は「～のいたるところ」という意味です。

No. 30 解答 2

放送文　Toshi started drum lessons last week. He usually plays basketball in the park on Saturdays, but he wants to practice the drums this weekend, so he'll stay home.

Question: Why will Toshi stay home this weekend?

放送文の訳　「トシは先週，ドラムのレッスンを始めました。彼は普段土曜日に公園でバスケットボールをしますが，今週末はドラムを練習したいので，家にいるつもりです」

質問の訳　「今週末，トシはなぜ家にいるのですか」

選択肢の訳　1 彼はバスケットボールがしたい。
2 彼はドラムの練習をしたい。
3 彼は宿題がたくさんある。
4 公園が閉まっている。

解　説　最後の he wants to practice the drums this weekend, so he'll stay home の聞き取りがポイントです。～, so ... 「～（理由・原因），だから…（結果）」の構文になっています。practice は「～を練習する」という意味です。

2018-3

解答一覧

筆記

1

(1)	2	(6)	4	(11)	1
(2)	2	(7)	4	(12)	4
(3)	2	(8)	1	(13)	1
(4)	4	(9)	2	(14)	1
(5)	1	(10)	1	(15)	1

2

(16)	3	(18)	1	(20)	2
(17)	3	(19)	4		

3

(21)	3	(23)	1	(25)	4
(22)	1	(24)	1		

4 A

(26)	3
(27)	2

4 B

(28)	4
(29)	3
(30)	1

4 C

(31)	2	(33)	3	(35)	2
(32)	1	(34)	4		

リスニング

第1部

No. 1	1	No. 5	3	No. 9	2
No. 2	3	No. 6	2	No.10	1
No. 3	3	No. 7	3		
No. 4	1	No. 8	2		

第2部

No.11	1	No.15	2	No.19	4
No.12	2	No.16	4	No.20	3
No.13	1	No.17	4		
No.14	1	No.18	3		

第3部

No.21	2	No.25	3	No.29	1
No.22	3	No.26	1	No.30	4
No.23	4	No.27	3		
No.24	4	No.28	2		

(1) 解答 **2**

訳

A「夏休みの予定はどうなっているの？」
B「ハワイへ行くわ」
1 国　　　2 休み　　　3 文化　　　4 天気

解説

空所の前の summer「夏」とのつながりと，B の I'll go to Hawaii. という応答から，A は B に summer vacation「夏休み」の plans「予定，計画」をたずねていることがわかります。

(2) 解答 **2**

訳

「私たちは今日の午後，英語と数学の 2 つの授業があります」
1 机　　　2 授業　　　3 友だち　　　4 リンゴ

解説

two（　）の具体的な内容が文末の English and math「英語と数学」なので，class「授業」の複数形 classes が入ります。this afternoon は「今日の午後」という意味です。

(3) 解答 **2**

訳

「私の母は毎朝早く起きて，私たちに朝食を作ってくれます」
1 一生懸命に　2 早く　　　3 同じ　　　4 長く

解説

空所の前の gets up「起きる」と意味的につながるのは，副詞の early「早く」です。every morning は「毎朝」，breakfast は「朝食」という意味です。

(4) 解答 **4**

訳

「私は雪が大好きなので，いちばん好きな季節は冬です」
1 年　　　2 場所　　　3 趣味　　　4 季節

解説

My favorite（　）is winter は「私のいちばん好きな〜は冬です」という意味なので，空所には season「季節」が入ります。because 以下で，冬がいちばん好きな理由を説明しています。

(5)　解答　**1**

訳　「今日は空がとても曇っています。雨が降るでしょう」

1　空　　　　2　星　　　　3　人生　　　　4　図書館

解説　very cloudy は主語の The（　）を説明しているので，何が cloudy「曇って」いるのかを考えて sky「空」を選びます。rain はここでは「雨が降る」という動詞として使われています。

(6)　解答　**4**

訳　「12月は1年の12番目の月です」

1　9番目の　　2　10番目の　　3　11番目の　　4　12番目の

解説　December「12月」は the twelfth month「12番目の月」です。「12，12の」は twelve ですが，「12番目の」は twelfth と言います。これは形容詞になります。

(7)　解答　**4**

訳　A「昨日は何をしたの，ケビン？」

B「髪が長くなりすぎたので，理髪店に行ったんだ」

1　体育館　　　2　レストラン　3　郵便局　　　4　理髪店

解説　My hair was too long「髪が長くなりすぎた」という状況なので，ケビンが昨日行ったのは barbershop「理髪店」です。～, so … は「～，だから…」という意味です。

(8)　解答　**1**

訳　A「ここでくつを脱いでください」

B「わかりました」

1　（take off ～で）～を脱ぐ　2　持っている

3　好きだ　　　　　　　　　　4　する

解説　空所に入る動詞と off とのつながりや your shoes「あなたのくつ」との意味的な関係から，take off ～「～を脱ぐ，取る」という表現にします。take off ～は服やくつのほか，帽子やメガネなどにも使います。

(9) 解答 **2**

訳 「ジェーンはとても親切(しんせつ)なので，すぐに新(あたら)しいクラスメートと友(とも)だちになりました」

1 ～から

2 （became friends with ～で）～と友(とも)だちになった

3 ～へ

4 ～によって

解 説 became は become「～になる」の過去形(かこけい)で，become friends with ～で「～と友(とも)だちになる」という表現(ひょうげん)です。kind は「親切(しんせつ)な」，classmate(s)は「クラスメート」という意味(いみ)です。

(10) 解答 **1**

訳 A「私(わたし)の新(あたら)しいくつはどうかしら，お母(かあ)さん」

B「とてもすてきよ，アリス」

1 （think of ～で）～のことを思(おも)う

2 滞在(たいざい)する

3 たずねる

4 終(お)える

解 説 空所(くうしょ)の後(あと)の of とのつながりから，think of ～「～のことを思(おも)う，考(かんが)える」とします。What do you think of ～?「～のことをどう思(おも)いますか」の形(かたち)で覚(おぼ)えておきましょう。

(11) 解答 **1**

訳 A「卵(たまご)が必要(ひつよう)なの。今日(きょう)買(か)ってきてくれる？」

B「わかった。仕事(しごと)の後(あと)で店(みせ)に行(い)くよ」

1 （after work で）仕事(しごと)の後(あと)で

2 ～の下(した)に

3 下(した)へ

4 ～に反対(はんたい)して

解 説 空所(くうしょ)の後(あと)の work「仕事(しごと)」とつながる前置詞(ぜんちし)は after で，after work で「仕事(しごと)の後(あと)で」という意味(いみ)を表(あらわ)します。need は「～が必要(ひつよう)である」，get は「～を買(か)う，手(て)に入(い)れる」という意味(いみ)です。

(12) 解答 **4**

「私の祖母は，毎日午後に紅茶を1杯飲むことが好きです」

1 ～へ

2 ～の

3 ～に

4 （in the afternoons で）毎日午後に

解説
空所の後の the afternoons とつながる前置詞は in で，in the afternoon(s) で「（毎日）午後に」という表現です。grandmother は「祖母」，a cup of ～ は「（カップ）1杯の～」という意味です。

(13) 解答 **1**

訳
「イザベルはドイツをあちこち旅行していたとき，たくさんの博物館を訪れました」

解説
visit「～を訪れる」の過去形 visited から，過去のことに関する文だとわかります。正解 1 の was traveling は過去進行形〈was ［were］+動詞の～ing 形〉で，「旅行していた」という意味です。

(14) 解答 **1**

訳
A「どのクッキーがいい？」

B「チョコレートクッキーをお願い」

解説
空所の後の cookie「クッキー」につながる疑問詞を選びます。〈Which + 名詞〉は「どの［どちらの］～」という意味です。

(15) 解答 **1**

訳
「サラは昼食を持ってくるのを忘れたので，お腹がとてもすいています」

解説
forgot は forget「～を忘れる」の過去形です。〈forget to + 動詞の原形〉で「～し忘れる」という意味になるので，bring「～を持ってくる」が正解です。

(16) 解答 **3**

訳 女の子「あなたの新しい携帯電話はすてきね。見せてもらえる？」
男の子「いいよ。はい，どうぞ」
1 どこでそれを手に入れたの？
2 それはいくらしたの？
3 それを見せてもらえる？
4 手伝いましょうか？

解　説 男の子の new cell phone「新しい携帯電話」が話題です。男の子の Sure.「いいよ」という応答と，相手に物を差し出すときの表現 Here you are. から，携帯電話を見せてくれるように頼んでいる Can I see it, please? が正解です。

(17) 解答 **3**

訳 男の子「昨夜，数学のテストのためにたくさん勉強したよ」
女の子「どれくらい勉強したの？」
男の子「約5時間だよ」
1 それは3ドルだよ。　　　　2 ぼくは2つ持っているよ。
3 約5時間だよ。　　　　　　4 それは10時に始まるよ。

解　説 How long は「どれくらい（の時間）」という意味で，ここでは男の子が the math test「数学のテスト」のために勉強した時間をたずねています。具体的な勉強時間を答えているのは **3** で，hours は hour「1時間」の複数形です。

(18) 解答 **1**

訳 女の子「ハロルドはスポーツが好きなの？」
男の子「うん，彼はサッカーチームに入っているんだ。走ることも好きだよ」
1 彼はサッカーチームに入っているんだ。
2 体育館に行こう。
3 彼にそれについて話すよ。

4 ぼくはスポーツ店にいるよ。

解説 女の子の Does Harold like sports? という問いかけに男の子は Yeah「うん」と答えていることと，最後の He also likes ～「彼は～も好きだよ」とのつながりから，**1** が正解です。**1** の he's on ～は「彼は～に所属している」という意味です。

(19) 解答 ④

訳 女の子1「私はあなたのくつ下が好きよ。とてもかわいいわね」
女の子2「ありがとう。プレゼントだったの」

1 あなたも1つ持っているわ。
2 私はそれらを忘れたの。
3 私の母がそう言ったの。
4 それはプレゼントだったの。

解説 女の子1は女の子2の socks「くつ下」について，so cute「とてもかわいい」と言っています。女の子2の感謝の気持ちを伝える Thanks. の後に続くのは，そのくつ下について説明している **4** です。**4** の They は socks のことで，present は「プレゼント」です。

(20) 解答 ②

訳 姉［妹］「リンおばさんの結婚式が待ち遠しいわ！　あなたは何を着ていくの？」
弟［兄］「新しいとスーツと赤いネクタイだよ」

1 それはどこで行われるの？
2 あなたは何を着ていくの？
3 彼女に何を買いましょうか。
4 いつ彼女に会ったの？

解説 Aunt Lynn's wedding「リンおばさんの結婚式」が話題です。弟［兄］が suit「スーツ」や tie「ネクタイ」と言っていることに注目します。これらが応答となる質問は，wear「～を着る」を使って何を着ていく予定かをたずねている **2** です。

(21) 解答 3

(正しい語順) Did（you have a good time）at the beach?

解　説 「あなたは〜しましたか」という過去の疑問文なので、〈Did you ＋動詞の原形〉で始めます。ここでの動詞は have で、have a good time で「楽しい時間を過ごす」という意味の表現になります。

(22) 解答 1

(正しい語順) （Will you be late for）dinner today, Mark?

解　説 「今日は〜しますか」とこれからのことをたずねているので、未来を表す Will で始まる疑問文を〈Will＋主語（you）＋動詞の原形（be）〉の語順で作ります。「〜に遅れる」は be late for 〜で、dinner「夕食」に続けます。

(23) 解答 1

(正しい語順) （You must be quiet in）the library.

解　説 「〜しなくてはいけません」は You must 〜. で表します。助動詞 must の後には動詞の原形がくるので、be quiet「静かである」を続けます。最後に、場所を表す前置詞 in「〜で（は）」を文末の the library「図書館」とつなげます。

(24) 解答 1

(正しい語順) （My sister is a member of the volleyball）club.

解　説 主語になる My sister「私の姉は」で始めます。主語の後には、動詞の is が続きます。「〜のメンバー」は a member of 〜という表現になります。「バレーボール部」は、the volleyball club と言います。

(25) 解答 4

(正しい語順) Dale couldn't（play tennis with his friends because）it was snowing.

160

解説　couldn't「～できませんでした」の後に,「テニスをする」を意味する play tennis を続けます。次に,「友達と」の部分を「彼の友達といっしょに」と考えて with his friends とします。最後に,理由を表す because「～なので」を文末の it was snowing「雪が降っていた」とつなげます。

| 筆 記 | **4A** | 問題編 P114～115 |

全 訳

スタービレッジでの
子ども向けウィンターキャンプ

キャンプの予定表

12月5日 水曜日	農場へ行って乗馬をする
12月6日 木曜日	カレーライスを作る
12月7日 金曜日	山へハイキングに行って樹木について学習する
12月8日 土曜日	冬の星について学習する
12月9日 日曜日	エレン湖へ釣りに行く

(26) 解答 ③

質問の訳　「最初の日に,子どもたちがするのは」

選択肢の訳
1 冬の星について学習する。　2 山へハイキングに行く。
3 **農場で乗馬をする。**　4 エレン湖へ釣りに行く。

解説　質問では the first day「最初の日」に children「子どもたち」が何をするかたずねています。Schedule「予定表」のいちばん上の欄がキャンプの初日で, Visit a farm and ride horses と書かれています。farm は「農場」, ride horses は「乗馬をする」という意味です。

(27) 解答 ②

質問の訳　「子どもたちはいつ樹木について学習しますか」

選択肢の訳　**1**　木曜日に。　　**2**　金曜日に。　　**3**　土曜日に。　　**4**　日曜日に。

解説　learn about ～は「～について学習する」という意味です。子ども
たちが trees「木々」について学習することは，予定表の Friday,
December 7「12月7日　金曜日」の欄に書かれています。

筆記　4B　問題編 P116〜117

全訳

差出人：ポーラ・ロビンソン
受取人：カズ・クボタ
日付：4月3日
件名：土曜日

こんにちは，カズ，
今週の土曜日は時間ある？　私の家族はワシントン D.C. へピクニックに行く予定なの。私たちといっしょに来られる？　そこにはきれいな桜の木がたくさんあるので，公園を散策してそれらを見ることができるわ。ボルチモアを午前8時に出発すれば，ワシントン D.C. に午前9時までに着くわ。私の両親が私たちを車で送ってくれるの。午後6時ごろに戻ってくる予定よ。
あなたが来られるといいんだけど，
ポーラ

差出人：カズ・クボタ
受取人：ポーラ・ロビンソン
日付：4月3日
件名：いいね！

やあ，ポーラ，
ぼくを招待してくれてありがとう。ぜひ行きたいよ！　ぼくは初めてワシントン D.C. へ行くことになる。ピクニック用におにぎりをいくつか作るね。土曜日の朝，自転車に乗って君の家へ行くよ。7時45分に着くよ。

162

じゃあ，そのときに，

カズ

(28) 解答 **4**

質問の訳 「ポーラの家族は土曜日に何をする予定ですか」

選択肢の訳
1 和食のレストランで食事をする。
2 カズの家を訪ねる。
3 おにぎりを作る。
4 ピクニックに行く。

解 説 ポーラが書いた最初の E メールは Are you free this Saturday? で始まり，続けて My family is going to go on a picnic in Washington, D.C. と土曜日にすることが説明されています。go on a picnic は「ピクニックに行く」という意味です。

(29) 解答 **3**

質問の訳 「ポーラの家族はどうやってワシントン D.C. へ行きますか」

選択肢の訳 1 バスで。　2 自転車で。　3 車で。　4 徒歩で。

解 説 質問の How は「どのようにして」という意味で，ポーラの家族が Washington, D.C. へ行く手段をたずねています。最初の E メールの 6 文目で，ポーラは My parents will drive us. と書いています。drive は「〜を車で送る」という意味です。

(30) 解答 **1**

質問の訳 「カズは何時にポーラの家に着きますか」

選択肢の訳
1 午前 7 時 45 分に。　　2 午前 8 時に。
3 午前 9 時に。　　4 午後 6 時に。

解 説 2 番目の E メールの 5 文目で，カズは I'll ride my bike to your house ... と自転車でポーラの家に行くことを伝え，続く文で I'll be there at 7:45. と書いています。there「そこへ」はポーラの家を指しています。

全訳

サムの寝室

　サムの兄のアンドリューは，先月大学生になりました。サムとアンドリューは長い間同じ寝室を共有していましたが，今はサムだけのものです。サムは自分自身の寝室を持つことにわくわくしています。

　アンドリューは自分のベッドとすべての本を大学へ持って行きました。今はサムの部屋に以前よりもスペースがあるので，両親がサムに新しい机を買いました。サムはその机がとても気に入っていますが，壁の色が好きではありません。壁は紫色です。先週，サムは両親に，「壁の色を変えてもいい？」とたずねました。サムの父親は，「いいよ。手伝うよ」と言いました。

　翌日，2人はペンキ店に行きました。「ぼくは黒が好きなんだ。自分の部屋用に黒のペンキを買いたい」とサムは言いました。彼の父親は，「いや，違う色を選ぼう」と言いました。サムと父親はいろいろなペンキの色を見ました。サムと父親は茶色のペンキを買いました。2人は来週末にサムの部屋にペンキを塗ります。

(31) 解答 ②

質問の訳 「サムはなぜわくわくしていますか」

選択肢の訳
1 彼は新しい学校へ行く。
2 彼は今，自分自身の寝室を持っている。
3 彼の兄が彼に何冊かの本をあげる。
4 彼の新しい先生がとてもすばらしい。

解説

サムがexcited「わくわくして」いる理由は，第1段落の3文目にHe is excited to have his own bedroom.と書かれています。be excited to 〜は「〜してわくわくしている」，own は「自分自身の」という意味です。

(32) 解答 ①

質問の訳 「サムの両親はサムに何を買いましたか」

選択肢の訳
1 新しい机。 2 新しいベッド。
3 何冊かの新しい本。 4 何枚かの新しいカーテン。

解 説 Sam's parents「サムの両親」がサムに何を買ったかは，第2段落の2文目後半に ... so his parents bought him a new desk. と書かれています。bought は buy の過去形です。

(33) 解答 ③

質問の訳 「現在，サムの部屋の壁は」

選択肢の訳 1 黒いです。 2 白いです。 3 紫色です。 4 茶色です。

解 説 第2段落の3文目後半に ... but he doesn't like the color of the walls. とあり，次の文で現在の壁の色を They are purple. と説明しています。They は The walls のことです。

(34) 解答 ④

質問の訳 「サムが自分の部屋にペンキを塗るとき，だれがサムを手伝いますか」

選択肢の訳
1 アンドリュー。 2 サムの友だち。
3 サムの母親。 4 サムの父親。

解 説 第2段落の5文目 Last week, he asked his parents, "Can I change the color of the walls?"で，サムは両親に壁の色を変えていいかどうかたずねています。これに対して，父親は "Sure. I'll help you." と答えているので，サムを手伝うのは父親です。

(35) 解答 ②

質問の訳 「サムはいつ部屋にペンキを塗りますか」

選択肢の訳 1 明日。 2 来週末。 3 来月。 4 来年。

解 説 第3段落の最後に，They will paint his room next weekend. と書かれています。They は直前の文の Sam and his father を指しています。next weekend は「来週末」という意味です。

[例題] 解答 ③

放送文 ★：Hi, my name is Yuta.

☆：Hi, I'm Kate.

★：Do you live near here?

1 I'll be there. **2** That's it.

3 Yes, I do.

放送文の訳 ★：「やあ，ぼくの名前はユウタだよ」

☆：「こんにちは，私はケイトよ」

★：「君はこの近くに住んでいるの？」

1 私はそこへ行くわ。 **2** それだけよ。

3 ええ，そうよ。

No.**1** 解答 ①

放送文 ★：What are you doing?

☆：I'm making doughnuts.

★：They look good!

1 Here, have one.

2 I'm OK.

3 We can do that.

放送文の訳 ★：「何をしているの？」

☆：「ドーナッツを作っているわ」

★：「おいしそうだね！」

1 ほら，1つ食べなさい。

2 私はだいじょうぶよ。

3 私たちはそうできるわ。

解説 女性が作っている doughnuts「ドーナッツ」が話題です。男の子の They look good!「おいしそうだね！」に意味的に続くのは，have one「1つ食べて」と言っている **1** です。one は a doughnut のことです。

No. 2　解答　**3**

放送文 　★：I went to the zoo last weekend.

　　　　☆：Did you see the baby tiger?

　　　　★：No, I couldn't.

　　　　1　Have a good time.

　　　　2　I can help you.

　　　　3　Maybe next time.

放送文の訳 　★：「先週末に動物園へ行ったんだ」

　　　　☆：「トラの赤ちゃんを見た？」

　　　　★：「ううん，見られなかったよ」

　　　　1　楽しんできてね。

　　　　2　あなたを手伝えるわ。

　　　　3　また今度ね。

解説　　男の子の I couldn't. は I couldn't see the baby tiger. のことで，baby tiger「トラの赤ちゃん」を見られなかったと言っています。これに対応しているのは **3** で，Maybe next time. は「また今度，次の機会に」という意味です。

No. 3　解答　**3**

放送文 　★：Your dance team is really good.

　　　　☆：Thanks.

　　　　★：Do you practice a lot?

　　　　1　She's a good teacher.

　　　　2　About three years ago.

　　　　3　Usually every day.

放送文の訳 　★：「君のダンスチームはとてもいいね」

　　　　☆：「ありがとう」

　　　　★：「たくさん練習しているの？」

　　　　1　彼女はいい先生よ。

　　　　2　3年ほど前に。

　　　　3　普段は毎日。

解説　　practice は「練習する」，a lot は「たくさん」という意味です。男の子は女の子の dance team「ダンスチーム」がたくさん練習

しているかどうかをたずねているので，every day「毎日」と答えている **3** が正解です。

No.4 解答 ①

放送文　★：Whose camera is this?

☆：My father's.

★：How old is it?

　　1　Thirty years old.

　　2　For my birthday.

　　3　Nice pictures.

放送文の訳　★：「これはだれのカメラ？」

☆：「私の父のものよ」

★：「どれくらい古いものなの？」

　　1　30年たっているわ。

　　2　私の誕生日に。

　　3　すてきな写真ね。

解　説　How old 〜? は年齢をたずねるときによく使われる質問ですが，ここでは camera「カメラ」がどれくらい古いものかをたずねています。通常この質問には，〜 year(s) old を使って答えます。My father's は My father's camera「私の父のカメラ」ということです。

No.5 解答 ③

放送文　★：Excuse me.

☆：Yes?

★：Do you have any books about Italian art?

　　1　It takes six hours.

　　2　Here's your change.

　　3　They're in Section 5.

放送文の訳　★：「すみません」

☆：「はい？」

★：「イタリアの芸術に関する本は何かありますか」

　　1　6時間かかります。

2 はい，お釣りです。

3 第5セクションにございます。

解 説 図書館のカウンターらしき場所での会話です。男性の Do you have ～? は，books about Italian art「イタリアの芸術に関する本」があるかどうかをたずねた質問です。それらがある場所を Section 5「第5セクション」と答えている **3** が正解です。

No.6 解答 ②

放送文 ☆：I'm hungry.

★：Me, too.

☆：What do you want to eat?

1 I have some.

2 A hot dog.

3 In the fridge.

放送文の訳 ☆：「お腹がすいたわ」

★：「ぼくもだよ」

☆：「何を食べたい？」

1 ぼくは少し持っているよ。

2 ホットドッグさ。

3 冷蔵庫の中に。

解 説 女性の What do you want to eat? は，男性に何を食べたいかたずねた質問です。食べたいものを具体的に hot dog「ホットドッグ」と答えている **2** が正解です。hungry は「お腹がすいて」という意味です。

No.7 解答 ③

放送文 ☆：Hello?

★：Hi, Ava. I have to work a little late tonight.

☆：OK. Let's meet at a restaurant for dinner.

1 It's after lunch.

2 Pasta, I think.

3 That's fine.

放送文の訳 ☆：「もしもし？」

169

★：「やあ，エバ。今夜は少し遅くまで仕事をしなくちゃいけないんだ」
☆：「わかったわ。レストランで会って夕食を食べましょう」
　　1　それは昼食後だよ。
　　2　パスタだと思う。
　　3　それでいいよ。

解　説 Let's ～. は「～しましょう」という意味で，エバは男性に meet at a restaurant for dinner「レストランで会って夕食を食べる」ことを提案しています。正解 **3** の That's fine. は，相手の提案に「それでいい，だいじょうぶ」と応じる表現です。

No. 8　解答 ②

（放送文）☆：How much is this shirt?

★：Fifty dollars.

☆：That's a little expensive.

　　1　I'll go and get it for you.

　　2　We have cheaper ones over here.

　　3　We don't have that color.

（放送文の訳）☆：「このシャツはおいくらですか」

★：「50ドルです」

☆：「ちょっと高いですね」

　　1　お客さまにそれを取ってまいります。

　　2　こちらにもっと安いものがございます。

　　3　当店にはその色はございません。

解　説 女性客の a little expensive「少し高い」は，this shirt「このシャツ」の値段について言っています。店員の発話としてこれに対応しているのは cheaper ones「もっと安いもの」があるという **2** で，ones は shirts のことです。

No. 9　解答 ②

（放送文）★：Excuse me, Mrs. Anderson.

☆：Yes, James?

★：Can I talk to you now?

　　1　Yes, I'll go tomorrow.

2 Yes, come in.

3 Yes, it's the homework.

放送文の訳 ★：「すみません，アンダーソン先生」

☆：「はい，ジェームズ？」

★：「今お話ししてもいいですか」

　1 ええ，私は明日行くわ。

　2 ええ，中に入って。

　3 ええ，それは宿題よ。

解　説 Can I 〜? は「〜してもいいですか」，talk to 〜は「〜と話す」という意味で，ジェームズはアンダーソン先生に話していいかどうかたずねています。Yes の後に，come in「中に入って」と言っている **2** が適切な応答になります。

No. 10 解答 ①

放送文 ★：How was your summer vacation?

☆：It was great. I went to Finland.

★：Wow! What did you do there?

　1 I went hiking.

　2 It's a small country.

　3 For two weeks.

放送文の訳 ★：「夏休みはどうだった？」

☆：「とてもよかったわ。フィンランドへ行ったの」

★：「すごい！　そこで何をしたの？」

　1 ハイキングに行ったわ。

　2 それは小さな国よ。

　3 ２週間よ。

解　説 女性の summer vacation「夏休み」が話題です。What did you do there? の there は in Finland のことで，男性は女性にフィンランドで何をしたかたずねています。正解 **1** の went は go の過去形，go hiking は「ハイキングに行く」という意味です。

18年度第3回　リスニング

171

No.**11** 解答 ①

（放送文） ★：Is this your notebook, Erica?

☆：No, Frank. That's Sharon's.

★：Really?

☆：Yes. Look, her name is on the back.

Question: Whose notebook is it?

（放送文の訳） ★：「これは君のノートなの，エリカ？」

☆：「ううん，フランク。それはシャロンのよ」

★：「本当？」

☆：「ええ。見て，裏側に彼女の名前があるわ」

（質問の訳） 「それはだれのノートですか」

（選択肢の訳） **1** シャロンの（ノート）。　　**2** エリカの（ノート）。
3 フランクの（ノート）。　　**4** 先生の（ノート）。

解 説 フランクの Is this your notebook, Erica? にエリカは No と答え，続けて That's Sharon's. と言っています。Sharon's「シャロンの（もの）」は Sharon's notebook「シャロンのノート」ということで，**1** が正解です。on the back は「裏側に」という意味です。

No.**12** 解答 ②

（放送文） ☆：You play badminton very well, Bill.

★：Thanks, Emiko. I have badminton lessons three times a week.

☆：Really? How long are your lessons?

★：Two hours.

Question: How long are Bill's badminton lessons?

（放送文の訳） ☆：「あなたはバドミントンがとてもじょうずね，ビル」

★：「ありがとう，エミコ。週に3回，バドミントンのレッスンを受けているんだ」

☆：「本当？　レッスンはどれくらいの時間なの？」

★：「２時間だよ」

質問の訳　「ビルのバドミントンのレッスンはどれくらいの時間ですか」

選択肢の訳　**1** １時間。　　**2** ２時間。　　**3** ３時間。　　**4** ４時間。

解説　How long は「どれくらいの時間」という意味で，エミコはビルに badminton lessons「バドミントンのレッスン」がどれくらいの時間なのかたずねています。ビルの Two hours. から **2** が正解です。

No. 13 解答 ①

放送文　☆：Excuse me.

★：Yes?

☆：How do I get to the City Hotel? Do I have to take a train?

★：No, just walk down this street.

Question: Where does the woman want to go?

放送文の訳　☆：「すみません」

★：「はい？」

☆：「シティーホテルへはどうやって行けばいいですか。電車に乗らなければなりませんか」

★：「いいえ，この通りを歩いていくだけです」

質問の訳　「女性はどこへ行きたいのですか」

選択肢の訳　**1** ホテルへ。　　　　　　**2** バス停へ。
　　　　　3 電車の駅へ。　　　　　　**4** 男性の家へ。

解説　女性の How do I get to the City Hotel? の聞き取りがポイントです。How は「どのようにして」，get to ～は「～へ行く」という意味で，女性は男性に the City Hotel への行き方をたずねています。

No. 14 解答 ①

放送文　★：Hi, Sue. Can you come to my party tomorrow?

☆：When is it, Jake?

★：From five to nine.

☆：OK. I'll come around six.

Question: What time will Jake's party start?

放送文の訳　★：「やあ，スー。明日ぼくのパーティーに来られる？」

☆：「パーティーはいつなの，ジェイク？」

★：「5時から9時だよ」

☆：「わかったわ。6時頃に行くわね」

質問の訳　「ジェイクのパーティーは何時に始まりますか」

選択肢の訳　**1** 5時に。　　**2** 6時に。　　**3** 8時に。　　**4** 9時に。

解　説　スーの When is it, Jake? の it は party「パーティー」を指しています。この質問に，ジェイクは From five to nine. と答えています。from ～ to ... は「～から…まで」という意味で，ジェイクのパーティーは5時に始まることがわかります。正解は **1**。**2** の six はスーがパーティーに行く時間です。

No. 15 解答 ❷

放送文　★：Did you eat lunch?

☆：No, I was too busy.

★：How about getting some sandwiches at the store?

☆：Good idea.　I have a meeting at two.

Question: What will they do next?

放送文の訳　★：「昼食を食べた？」

☆：「ううん，忙しすぎたわ」

★：「店でサンドイッチを買うのはどう？」

☆：「いい考えね。私は2時に会議があるの」

質問の訳　「彼らは次に何をしますか」

選択肢の訳　**1** 家に帰る。　　　　　　　　**2** サンドイッチを買う。
　　　　　　3 会議をする。　　　　　　　**4** 彼らの昼食を作る。

解　説　How about ～ing? は「～するのはどうですか」という意味で，男性は女性に getting some sandwiches at the store「店でサンドイッチを買うこと」を提案しています。これに対して，女性は Good idea.「いい考えね」と答えているので，正解は **2** です。

No. 16 解答 ❹

放送文　★：Where's my umbrella, Linda?

☆：It's by the front door.

★：No, it's not there.

☆：Maybe it's in the car.

　　Question: What is the man looking for?

放送文の訳　★：「ぼくのかさはどこ，リンダ？」

☆：「玄関のドアのそばにあるわよ」

★：「いや，そこにはないんだ」

☆：「車の中にあるかもしれないわね」

質問の訳　「男性は何を探していますか」

選択肢の訳　1　彼の車。　　　　　　2　彼のカギ。
　　　　　　3　彼のかばん。　　　　4　彼のかさ。

解説　質問では look for ～「～を探す」が現在進行形（is … looking for）で使われています。最初の Where's my umbrella, Linda? から，男性は自分の umbrella「かさ」を探していることがわかります。Where's は Where is の短縮形です。

No.17 解答 **4**

放送文　★：I lost my French dictionary.

☆：Oh no. It was expensive.

★：Was it more than $20?

☆：Yes. It was $35.

　　Question: How much was the boy's French dictionary?

放送文の訳　★：「フランス語の辞書をなくしちゃったんだ」

☆：「いやだわ。それは高かったのに」

★：「20ドル以上した？」

☆：「ええ。35ドルだったわ」

質問の訳　「男の子のフランス語の辞書はいくらでしたか」

選択肢の訳　1　20ドル。　2　25ドル。　3　30ドル。　4　35ドル。

解説　lost は lose「～をなくす」の過去形で，男の子は my French dictionary「ぼくのフランス語の辞書」をなくしたと言っています。最後の It was $35（＝thirty-five dollars）. が辞書の値段です。正解は **4**。Was it more than $20? を聞いて **1** を選ばないように注意しましょう。

175

No.18 解答 ③

放送文 ★：Do you want to have dinner this Saturday?

☆：Sorry, I'm going to go camping this weekend.　I'll be back on Sunday night.

★：How about Monday?

☆：That sounds good.

Question: When will they have dinner?

放送文の訳 ★：「今週の土曜日に夕食を食べない？」

☆：「ごめん，今週末はキャンプに行く予定なの。日曜日の夜に戻ってくるわ」

★：「月曜日はどう？」

☆：「いいわね」

質問の訳 「彼らはいつ夕食を食べますか」

選択肢の訳 **1** 土曜日に。　**2** 日曜日に。　**3** 月曜日に。　**4** 今日。

解説 男性の Do you want to have dinner this Saturday? に，女性は Sorry と言っていっしょに夕食を食べられない理由を説明しています。How about Monday? には That sounds good.「それはいいわね」と答えているので，**3** が正解です。

No.19 解答 ④

放送文 ☆：Did you watch the new drama on TV last night?

★：Yes.　I saw you in it.

☆：That was my first time on TV.　I was excited.

★：You looked great.

Question: Why was the woman excited?

放送文の訳 ☆：「昨夜，テレビで新しく始まったドラマを見た？」

★：「うん。そこで君を見たよ」

☆：「初めてテレビに出たの。わくわくしたわ」

★：「君はとてもよかったよ」

質問の訳 「女性はなぜわくわくしていたのですか」

選択肢の訳 **1** 彼女は髪を切った。

2 彼女はいい映画を見た。

3 彼女はコンテストで優勝した。

4 <ruby>彼女<rt>かのじょ</rt></ruby>はテレビに<ruby>出演<rt>しゅつえん</rt></ruby>した。

解 説

<ruby>女性<rt>じょせい</rt></ruby>が I was excited.「わくわくした」<ruby>理由<rt>りゆう</rt></ruby>は，その<ruby>前<rt>まえ</rt></ruby>の That was my first time on TV. です。my first time は「<ruby>自分<rt>じぶん</rt></ruby>で<ruby>初<rt>はじ</rt></ruby>めてのこと」，on TV は「テレビに<ruby>出<rt>で</rt></ruby>て」という<ruby>意味<rt>いみ</rt></ruby>で，<ruby>自分<rt>じぶん</rt></ruby>がテレビに<ruby>初出演<rt>はつしゅつえん</rt></ruby>したことを<ruby>説明<rt>せつめい</rt></ruby>しています。

No.20 解答 ③

放送文　★：Which season do you like the best?

☆：I like winter.

★：Really? I don't like cold weather, so I like summer.

☆：My birthday is in January, and I love snow.

Question: What are they talking about?

放送文の訳　★：「<ruby>君<rt>きみ</rt></ruby>はどの<ruby>季節<rt>きせつ</rt></ruby>がいちばん<ruby>好<rt>す</rt></ruby>き？」

☆：「<ruby>私<rt>わたし</rt></ruby>は<ruby>冬<rt>ふゆ</rt></ruby>が<ruby>好<rt>す</rt></ruby>きよ」

★：「<ruby>本当<rt>ほんとう</rt></ruby>？　ぼくは<ruby>寒<rt>さむ</rt></ruby>い<ruby>気候<rt>きこう</rt></ruby>が<ruby>好<rt>す</rt></ruby>きじゃないから，<ruby>夏<rt>なつ</rt></ruby>が<ruby>好<rt>す</rt></ruby>きだよ」

☆：「<ruby>私<rt>わたし</rt></ruby>の<ruby>誕生日<rt>たんじょうび</rt></ruby>が1<ruby>月<rt>がつ</rt></ruby>で，<ruby>私<rt>わたし</rt></ruby>は<ruby>雪<rt>ゆき</rt></ruby>が<ruby>大好<rt>だいす</rt></ruby>きなの」

質問の訳　「<ruby>彼<rt>かれ</rt></ruby>らは<ruby>何<rt>なに</rt></ruby>について<ruby>話<rt>はな</rt></ruby>していますか」

選択肢の訳
1 <ruby>誕生日<rt>たんじょうび</rt></ruby>パーティー。
2 <ruby>今日<rt>きょう</rt></ruby>の<ruby>天気<rt>てんき</rt></ruby>。
3 <ruby>彼<rt>かれ</rt></ruby>らのいちばん<ruby>好<rt>す</rt></ruby>きな<ruby>季節<rt>きせつ</rt></ruby>。
4 <ruby>夏休<rt>なつやす</rt></ruby>み。

解 説

<ruby>最初<rt>さいしょ</rt></ruby>の Which season do you like the best? で<ruby>話題<rt>わだい</rt></ruby>が<ruby>示<rt>しめ</rt></ruby>されています。〈Which＋<ruby>名詞<rt>めいし</rt></ruby>〉は「どの〜」という<ruby>意味<rt>いみ</rt></ruby>で，2<ruby>人<rt>ふたり</rt></ruby>はどの<ruby>季節<rt>きせつ</rt></ruby>がいちばん<ruby>好<rt>す</rt></ruby>きかについて<ruby>話<rt>はな</rt></ruby>しています。

No. 21 解答 ②

放送文

Yesterday was Becky's birthday. Her brother gave her a shirt, and her friends gave her a book. Becky's parents gave her some money to buy a camera.

Question: Who gave Becky a book for her birthday?

放送文の訳

「昨日はベッキーの誕生日でした。ベッキーの兄［弟］は彼女にシャツをあげて，友人たちは彼女に本をあげました。ベッキーの両親は彼女にカメラを買うお金をあげました」

質問の訳

「だれがベッキーの誕生日に本をあげましたか」

選択肢の訳

1 彼女の兄［弟］があげた。　2 彼女の友人たちがあげた。
3 彼女の両親があげた。　　　4 彼女の姉［妹］があげた。

解説

Becky's birthday「ベッキーの誕生日」に，だれが何をあげたかが話題です。Her brother→a shirt, her friends→a book, Becky's parents→some money to buy a camera の各情報を整理しながら聞きましょう。

No. 22 解答 ③

放送文

Attention, please. The ice-skating rink will close in 20 minutes. Please get off the ice in 10 minutes. Thank you.

Question: When will the ice-skating rink close?

放送文の訳

「ご案内いたします。アイススケートのリンクは20分後に営業を終了いたします。10分後には氷から離れてください。ご協力をお願いいたします」

質問の訳

「アイススケートのリンクはいつ営業を終了しますか」

選択肢の訳

1 10分後に。　2 15分後に。　3 20分後に。　4 25分後に。

解説

The ice-skating rink will close in 20 minutes. に正解が含まれています。in は「～後に」という意味で使われています。get off the ice「氷から離れる」時間である in 10 minutes と混同しないように気をつけましょう。

No.23 解答 4

放送文
My friend will have a party tonight. I want to wear a nice dress, but I don't have one. I'll wear my sister's.

Question: Whose dress will the girl wear?

放送文の訳
「私の友だちが今夜パーティーをします。私はすてきなドレスを着たいのですが，持っていません。私は姉［妹］のドレスを着るつもりです」

質問の訳
「女の子はだれのドレスを着ますか」

選択肢の訳
1 彼女の母親の（ドレス）。　　2 彼女自身の（ドレス）。
3 彼女の友だちの（ドレス）。　4 彼女の姉［妹］の（ドレス）。

解説
I want to wear a nice dress, but I don't have one. から，女の子自身は a nice dress「すてきなドレス」を持っていないことがわかります。最後の I'll wear my sister's. から 4 が正解です。my sister's「私の姉［妹］の（もの）」は my sister's dress ということです。

No.24 解答 4

放送文
My cat likes to sleep in different places. Sometimes, he sleeps under my bed or under the sofa. But today, he was on the kitchen table.

Question: Where was the cat today?

放送文の訳
「ぼくのネコはいろいろな場所で寝るのが好きです。時々，ぼくのベッドの下やソファの下で寝ます。でも今日は，キッチンのテーブルの上にいました」

質問の訳
「ネコは今日どこにいましたか」

選択肢の訳
1 ベッドの下に。　　　　2 ソファの下に。
3 いすの上に。　　　　　4 テーブルの上に。

解説
My cat「ぼくのネコ」がどこで寝るかについて話しています。Sometimes, ～. But today, ...「時々～。でも今日は…」の流れに注意します。質問では today についてたずねているので，today 以降の he was on the kitchen table から 4 を選びます。

No. 25 解答 ③

放送文
Jane often goes fishing with her father. They usually go to a lake in the mountains, but last weekend the weather was bad, so they stayed home.

Question: What did Jane do last weekend?

放送文の訳
「ジェーンはよく父親と釣りに行きます。2人は普段山の中にある湖へ行きますが，先週末は天気が悪かったので，家にいました」

質問の訳
「ジェーンは先週末に何をしましたか」

選択肢の訳
1 彼女は釣りに行った。　　2 彼女は父親を手伝った。
3 彼女は家にいた。　　　　4 彼女は山へ行った。

解説
They usually ～, but last weekend ...「彼らは普段～，しかし先週末は…」という流れになっていて，質問では last weekend のことをたずねています。最後の they stayed home から **3** が正解です。so「だから」の前の the weather was bad が they stayed home の理由です。

No. 26 解答 ①

放送文
Kate's class will have a party tomorrow. Her teacher will bring snacks and drinks. The students will bring games.

Question: What will the students bring to the party?

放送文の訳
「ケイトのクラスは明日，パーティーを開きます。彼女の先生はお菓子と飲み物を持ってきます。生徒たちはゲームを持ってきます」

質問の訳
「生徒たちはパーティーに何を持ってきますか」

選択肢の訳
1 ゲーム。　2 花。　3 お菓子。　4 飲み物。

解説
Kate's class「ケイトのクラス」の明日のパーティーが話題です。The students will bring games. に正解が含まれています。snacks and drinks「お菓子と飲み物」は先生が持ってくるものなので，**3** や **4** を選ばないように注意しましょう。

No. 27 解答 ③

放送文
A new boy joined my class today. His name is Kartik, and he is from India. We walked home together. He is very nice.

Question: What is the girl talking about?

放送文の訳	「今日，新しい男の子が私のクラスに入りました。彼の名前はカーティックで，インド出身です。私たちはいっしょに歩いて帰りました。彼はとてもすばらしいです」
質問の訳	「女の子は何について話していますか」
選択肢の訳	1 彼女の新しい家。　　　　　2 彼女のインドへの旅行。 3 **彼女の新しいクラスメート。** 4 彼女の学校。
解　説	最初の A new boy joined my class today. で話題が示されています。joined は join「～に入る，参加する」の過去形です。正解の **3** では，放送文にはない classmate「クラスメート」が使われています。

No. 28 解答 **2**

放送文	My daughter loves baseball, so I got two tickets to a professional game on Saturday. I want to buy a baseball cap for her at the stadium. **Question:** What does the man want to buy for his daughter?
放送文の訳	「私の娘は野球が大好きなので，土曜日のプロの試合のチケットを2枚手に入れました。球場で，娘に野球帽を買ってあげたいと思っています」
質問の訳	「男性は娘に何を買いたいのですか」
選択肢の訳	1 野球の試合のチケット。　　2 **野球の帽子。** 3 ポップコーン。　　　　　　4 グローブ。
解　説	I want to buy a baseball cap for her at the stadium. から，男性が娘に買ってあげたいのは a baseball cap「野球帽」だとわかります。〈buy ～ for＋（人）〉で「（人）に～を買う」です。professional は「プロの」という意味です。

No. 29 解答 **1**

放送文	It's very windy today. Before Jill leaves for school, she needs to look for her jacket. It'll be colder this afternoon. **Question:** What does Jill need to do?
放送文の訳	「今日はとても風が強いです。ジルは学校へ出かける前に，ジャケットを探す必要があります。今日の午後はもっと寒くなるでしょ

う」

質問の訳 「ジルは何をする必要がありますか」

選択肢の訳 **1** 彼女のジャケットを探す。 **2** かさを持ってくる。
3 学校を早く出る。 **4** 天気のニュースを見る。

解 説 2文目の Before Jill leaves for school, she needs to look for her jacket. から判断します。leave(s) for ～は「～に向けて出発する」, need(s) to ～は「～する必要がある」, look for ～は「～を探す」という意味です。

No. 30 解答 ④

放送文 Happy Valentine's Day. You can buy chocolates on the second floor. We still have 50 boxes. Or buy some flowers on the fourth floor. Enjoy shopping!

Question: How many boxes of chocolates are on the second floor?

放送文の訳 「バレンタインデー，おめでとうございます。チョコレートは2階でお買い求めいただけます。まだ50箱ございます。あるいは，4階でお花をお買い求めください。お買い物をお楽しみください！」

質問の訳 「2階には何箱のチョコレートがありますか」

選択肢の訳 **1** 20箱。 **2** 30箱。 **3** 40箱。 **4** 50箱。

解 説 店内放送です。You can buy chocolates on the second floor. で chocolates「チョコレート」を販売している場所を伝えているので，次の文の50 boxes は50 boxes of chocolates「50箱のチョコレート」ということです。